Von der Einberufung und anderen Sitten

Severin Ulmann

Von der Einberufung und anderen Sitten

Ein Appell für den Frieden

Ein Bühnenstück in sechs Akten

Bibliografische Information der Deutschen Nationalbibliothek
Die Deutsche Nationalbibliothek verzeichnet diese Publikation
in der Deutschen Nationalbibliografie; detaillierte bibliografische
Daten sind im Internet über http://dnb.d-nb.de abrufbar.

Verlag: BoD · Books on Demand GmbH, Überseering 33, 22297
Hamburg, bod@bod.de
Druck: Libri Plureos GmbH, Friedensallee 273, 22763 Hamburg

ISBN: 978-3-7583-3714-7

Personen

Familie

Der Einberufene	Friedrich von Miran
Die Freundin	Eirene Humphrey
Der Vater	Oscar Wilmer von Miran
Die Mutter	Caroline Louise von Miran

Gäste

Der ehrenwerte Richter	Thomas Salis
Der Polizeichef	Napoli Venal
Die Fabrikantin	Ignes van Clens
Das Fräulein	Vanessa Specht

Personal

Die Köchin	Frieda Fluk
Die Küchenhilfe	Flora
Das Dienstmädchen I	Liza
Das Dienstmädchen II	Willa
Das Dienstmädchen III	Sofia

Kriegsgefilde

Der befehlshabende Offizier
Der Unteroffizier
Der Soldat I
Der Soldat II
Die Soldatin III
Der Sanitäter

Der feindliche Soldat I
Der feindliche Soldat II
Die feindliche Soldatin III
Der Bauer
Die zwei Kinder des Bauern

<u>Militärgericht</u>
Der Verteidiger
Der Kläger

<u>Gefängnis</u>
Der Wärter I
Die Wärterin II
Christoph Lenz

<u>Klinik</u>
Die Psychiaterin
Roland
Herr Knecht
Herr Miller
Karl Büchser
Der Patient IV

<u>Park</u>
Der Sohn von Sofia & Friedrich
Der Gefangene I
Die Gefangene II

Gewidmet:
Allen Menschen, die sich durch ihre
Menschlichkeit beweisen

Erster Akt

Geschlossener Vorhang. Das Gelächter der Gesellschaft ertönt, wiederholt verstummt es neben dem Geklimper von Pfannen und Geschirr. Wir befinden uns in einem Haus, das die Sitten von seinen Vorfahren übernommen und nichts an diesen jemals hinterfragt hat.

Der Vorhang geht auf, zur linken Seite präsentiert sich eine geräumige Küche. In der Mitte, an der hinteren Wand, türmt sich Backofen und Herd mit krönendem Abzug. Beidseitig: Arbeitsflächen, gehauen aus Stein. In der Mitte der kulinarischen Feinschmeckerstube posiert ein Tisch mit Klingen, Pfannen und Brettchen. Auf der Linken ist die Wand unterbrochen durch den Bediensteteneingang.

Gegenüber reüssiert der Zugang zum Speisezimmer der prunken Oberschicht. Dieser wird geschmückt durch zwei nicht tragende Säulen. Zwei Fenster gewähren einen Blick in den begrünten Park und die Privateinfahrt.

Die Wände des Speisezimmers sind ausstaffiert mit goldig gefassten Bildern, die der hauseigene Kurator letztens restauriert hat. Von der Decke hängen zwei Kronleuchter an Hanfschnüren auf die Bühne herab und beleuchten den Edelholztisch unter sich. Um diesen reihen sich venezianische Stühle aus geschnitztem Nussholz, jedoch nur auf den Seiten der Tapeten und Furniere. Der Tisch ist gedeckt, Gäste und Gastgeber sitzen beisammen und unterhalten sich gegenseitig.

Tischordnung von rechts nach links: die Mutter, der Vater, der ehrenwerte Richter, das Fräulein, der Polizeichef, die Fabrikantin, die Freundin, der Einberufene. Das Dienstmädchen III schenkt den Wein aus.

Küchenanordnung: Das Dienstmädchen I, das Dienstmädchen II, die Küchenhilfe und die Köchin sind wie Streusel auf einem saftigen Kuchen in der Küchenlandschaft verteilt.

Das Dienstmädchen III geht mit dem leeren Wein aus dem Speisezimmer in die Küche.

Ein Vorhang verdeckt dem Auditorium den Blick in den Speisesaal, man sieht nur noch in die Küche.

DAS DIENSTMÄDCHEN III *hebt die Flasche vor sich und liest vom Etikett ab, verspricht sich, benötigt mehrere Versuche, den Namen auszusprechen* Schon wieder haben sie eine Flasche Château Victoire geleert.

DIE KÖCHIN Das ist meist so, wenn der ehrenwerte Richter Salis und der Polizeichef zu Besuch sind. Hilf mir lieber mit den Zwiebeln, Sofia.

DAS DIENSTMÄDCHEN III Ich muss doch servieren, da können meine Hände nicht nach Zwiebeln riechen *spöttisch* oder willst du, dass ich unseren ehrenwerten Gästen des Justizapparates ihre feinen Nasen stauche?

DIE KÜCHENHILFE Ich kann die Zwiebeln noch kleinschneiden. Dann kann Sofia abermals zwei Flaschen von diesem Château *überlegt* sowieso aus dem Weinkeller holen.

DIE KÖCHIN Lieber gleich fünf oder sechs, die sind schlimmer als mein Mann.

Das Dienstmädchen III verlässt die Küche durch den Dienstbotenausgang.

DAS DIENSTMÄDCHEN II Wer ist eigentlich diese Frau mit der Perlenkette?

DAS DIENSTMÄDCHEN I Das ist Ignes van Clens, Produzentin von Van-Clens-Schokolade und Besitzerin einer grossen Fahrzeugfabrik. Angeblich soll sie die halbe Strasse gekauft haben, in der sie aufgewachsen ist. Sie beschäftigt Zigtausende. Meine Cousine arbeitet für sie, am Aussortierband.

DIE KÜCHENHILFE Was ist mit ihrem Mann?

DIE KÖCHIN Hat sich nie gebunden.

DAS DIENSTMÄDCHEN II Unglücklich sieht sie jedenfalls nicht aus.

Das Dienstmädchen III betritt mit einer Kiste Wein wieder die Küche. Knallt die Kiste auf den Tisch.

DIE KÖCHIN Pass bloss auf, nicht dass die Flaschen noch zerspringen!

DAS DIENSTMÄDCHEN III *zupft das Stroh aus der Weinkiste* Keine Sorge! Die sind besser gebettet als ich.

DIE KÜCHENHILFE Sei doch nicht immer so zynisch.

DAS DIENSTMÄDCHEN III Was weisst du schon! Der Friedrich
vergnügt sich ständig mit seiner neuen Freundin, der
Eirene. Als ich den Wein einschenkte, hatte sie nur
missbilligende Blicke für mich übrig. Und wollt ihr
wissen, wo sie ihre Hand hatte, während er nur in den
Teller vor sich starrte?

DIE KÜCHENHILFE Was geht uns das an?

DAS DIENSTMÄDCHEN III *nimmt die Weinflaschen aus der Kiste
und reiht sie auf* Nichts.

DIE KÖCHIN Es ist fertig angerichtet. Ihr könnt jetzt servieren.

*Der Vorhang zum Speisesaal wird geöffnet. Der Vorhang
zur Küche bleibt auf.*

*Das Dienstmädchen I, das Dienstmädchen II und das
Dienstmädchen III servieren das Essen. Sie stellen sich verteilt an den Rand des Speisesaals.*

*Die Köchin und die Küchenhilfe räumen die Unordnung
auf, die Küchenhilfe kehrt in der Küche mit dem Besen.*

*Die Köchin schliesst den Vorhang zur Küche. Der Vorhang
zum Speisesaal bleibt offen.*

DIE MUTTER Danke für euer Kommen, ich hoffe, es schmeckt
euch. Es hat wie immer Frieda gekocht.

DER POLIZEICHEF *isst einen Happen* Bei uns auf der Wache
könnten wir auch jemanden gebrauchen, der uns jeweils
so verwöhnt. Das Essen hier ist jedes Mal vorzüglich.

DIE FABRIKANTIN Der Dank gebührt ganz euch, Caroline
und Oscar. Heutzutage ist es schwierig, gutes Personal
zu finden. Was denken Sie, Vanessa?

DAS FRÄULEIN Ich hatte nie Personal, um das beurteilen zu
können.

DER VATER Lieber Napoli, berichten Sie uns doch von Ihrer
letzten Verhaftung des Falschmünzers, von welchem
Sie mir erzählt haben. Ich bin mir sicher, dass die Geschichte auf einiges Interesse stossen wird.

DER POLIZEICHEF Als Polizeichef erlebt man so einiges. Aber
dieser Falschmünzer war eine Sache für sich. Sein Vater
hinterliess ihm eine kleine Giesserei. Normale Falschmünzer hätten sich mit den Geldscheinen befasst, weil
diese viel lukrativer sind. Aber er interessierte sich nur
für die Münzen und dort nicht für die mit dem gröss-
ten Wert, sondern für jene mit dem drittgrössten. Der
Grund war, dass wenn man die Materialkosten mit
einberechnet, diese Münze für ihn die günstigste war.
Das Problem, weshalb wir ihn so lange nicht erwisch-
ten, war, dass er überall etwa 15 Prozent seiner Falschmünzen verteilte. Am Sonntag machte er immer seinen
Spaziergang in der Nähe der Arbeiterbehausungen und
liess dort ganze Münzstapel fallen. Wir informierten
Geschäfte und Banken über die Falschmünzen. Eines
Tages wollte er in einer Bank eine Handvoll wechseln,
worauf man uns aufgrund von Verdachtsmomenten
informierte. Wir verhafteten ihn und er behauptete,
dass er die Münzen gefunden habe. Er war nicht der
Einzige, der uns das erzählt hatte und verhört wurde.

Der Verdacht erhärtete sich nicht gegen ihn und wir liessen ihn laufen. Erst als er Wochen später wieder seinen Münzenspaziergang machte, fiel er einer Polizistin auf, und dieses Mal hatte er mehr Münzen dabei, weil er noch am Anfang seines Spaziergangs erwischt wurde. Bei der zweiten Prüfung brachte dies jemand mit seiner Giesserei in Verbindung. Da hatten wir ihn.

DIE FABRIKANTIN Wieso machen Menschen so etwas?

DER EHRENWERTE RICHTER Wenn Sie erlauben, ehrenwerter Kollege, würde ich Frau van Clens den Sachverhalt gerne erläutern, da ich, wie Sie natürlich wissen, in diesem Fall zu einem Urteil kommen musste.

DER POLIZEICHEF Bitte führen Sie die Geschichte fort.

DIE FREUNDIN Und lassen Sie nichts aus.

Der Vater winkt das Dienstmädchen II zu sich. Flüstert ihr etwas zu. Dieses begibt sich in die Küche.

DER EHRENWERTE RICHTER Die Beweislage war eindeutig und er war geständig. Aber als Richter musste ich natürlich auf das Motiv Rücksicht nehmen. Als ich ihn fragte, weshalb er Falschgeld hergestellt und in Umlauf gebracht habe, antwortete er, dass er seine Unfähigkeit anerkannt hatte, auf anderem Weg grosse Summen Geld zu verdienen.

DAS FRÄULEIN *bestürzt* Das ist ja unerhört!

DER EHRENWERTE RICHTER Er sagte, dass er zwischen 10 und 20 Prozent der Münzen auf die Strassen warf. Mich interessierte natürlich, was er mit dem Rest tat. Sein

Verteidiger, ein alter Schulfreund von mir, händigte mir eine Liste aus, wohin er das Geld steckte.

DIE MUTTER Du spannst uns ja ganz schön auf die Folter.

DER EHRENWERTE RICHTER Auf der Liste waren Stiftungen und Organisationen, welche die Bedürftigen, Obdachlosen und Weisen unterstützen. Daneben liess er vieles Universitäten, Bibliotheken, dem Theater, dem Opernhaus und dem Veteranenverband zukommen. Auch der Stadt widmete er einiges, für Schulen, Kindergärten und Spielplätze, selbst die Polizei war nicht ausgenommen.

DER VATER Als ich das hörte, inspirierte mich das, selbst gleich einige Spenden zu tätigen.

DER EHRENWERTE RICHTER Ich musste mir eingestehen, und das ist nicht häufig der Fall in meinem Gericht, dass ich etwas für diesen Falschmünzer übrig hatte. Auch wenn sein Handeln falsch und gegen das Gesetz war, sann er mit seinen Taten danach, die Situation für einige Menschen zu verbessern, sich eingeschlossen. Die Urteilsfindung forderte mich. Ich liess Milde walten und verurteilte ihn zu zwei Jahren und drei Monaten Gefängnis.

DER POLIZEICHEF Er wurde in ein Staatsgefängnis überstellt.

DIE FABRIKANTIN Ist es möglich, sich mit diesem Falschmünzer zu treffen?

DER POLIZEICHEF In Ihrem Fall liesse sich da bestimmt etwas einrichten.

DIE FABRIKANTIN Ich kann mich also in der Sache an Sie wenden?

DER POLIZEICHEF *vorsichtiger* Natürlich! Ich steh zu meinem Wort.

Das Dienstmädchen I und das Dienstmädchen III räumen das Geschirr ab und begeben sich in die Küche.

DIE MUTTER Bringt uns doch noch etwas zum Naschen.
DAS DIENSTMÄDCHEN I Sehr wohl, Frau von Miran.

Der Vorhang zur Küche geht auf. Die Köchin packt ihr Eigen zusammen.

DIE KÖCHIN Ich gehe jetzt nach Hause zu meinem Mann, bis morgen.
DIE KÜCHENHILFE Ich mache mich auch auf.

Die Köchin und die Küchenhilfe verlassen die Küche durch den Personalausgang. Die Köchin schnappt sich noch ein Bündel Knoblauch auf dem Weg nach draussen.

DAS DIENSTMÄDCHEN I Bis morgen, Frieda und Flora!
DIE KÜCHENHILFE Einen schönen Abend.

Das Dienstmädchen II kommt mit einer Zeitung stürmisch in die Küche und geht direkt ins Speisezimmer. Das Dienstmädchen I und Das Dienstmädchen III schauen ihr irritiert nach.

Das Dienstmädchen III räumt weiter ab. Das Dienstmädchen I bereitet das Dessert vor.

DER VATER Da sind Sie ja endlich mit der Zeitung, meine Liebe.

Der Vater faltet sie auf und sucht etwas. Ein unberührter Brief fällt aus der Zeitung und landet unschuldig vor dem Vater.

DER VATER *hält den Brief gleichgültig mit einer Hand hoch* Diese Korrespondenz ist an dich gerichtet, Friedrich, mit dem Vermerk höchster Dringlichkeit. Willa, seien Sie doch so gut.

Das Dienstmädchen II nimmt dem Vater den Brief ab und geht mit ihm unsicher auf Friedrich zu und hält ihn ihm zag hin.

DAS DIENSTMÄDCHEN II *leise* Es tut mir leid, ich habe den Brief nicht gesehen, er muss mir vor Wochen aus Unaufmerksamkeit bei den Zeitungen verblieben sein.

DER EINBERUFENE *augenzwinkernd* Schon gut, jetzt habe ich ihn ja.

Der Einberufene legt den Brief vor sich auf den Tisch.

DAS DIENSTMÄDCHEN II Ich Dummerchen habe den Brieföffner vergessen, so können Sie ihn ja gar nicht öffnen.

Das Dienstmädchen II verschwindet, um den Brieföffner zu holen.

DIE FREUNDIN *greift sich den Brief und wedelt ihn amüsiert in ihrer Hand* Vielleicht ja ein Brief einer heimlichen Geliebten.

DER EINBERUFENE *genervt* So ein Unsinn, mein Herz. Gib
   ihn wieder her. *Legt den Brief vor sich hin.*
DIE FREUNDIN *beleidigt* Ich mache doch nur Spass, mein
   Schatz.

Das Dienstmädchen III beginnt mit dem Abwasch.
*Das Dienstmädchen I bringt das Dessert und verteilt zwei
süss belegte Glastürmchen auf dem Tisch.*

DAS DIENSTMÄDCHEN I Was darf ich zum Trinken servieren?
DER VATER Bringen Sie uns doch eine Kanne Tee und etwas
   Kaffee.
DAS DIENSTMÄDCHEN I Sehr wohl.
DIE FABRIKANTIN Wenn verfügbar, dürfen Sie mir gern ein
   Glas Milch bringen.
DAS DIENSTMÄDCHEN I Gewiss.

Das Dienstmädchen I geht in die Küche.

DER VATER Hier ist die Stelle. Sie erlauben doch, Thomas,
   dass ich einige Zeilen vorlese von Ihrem Interview über
   Mord und Totschlag?
DER EHRENWERTE RICHTER Nur zu, ich kommentiere bei Bedarf.
DAS FRÄULEIN Erfragt Sie die Presse oft um Ihre Meinung?
DER EHRENWERTE RICHTER Gelegentlich kann das schon vorkommen. Meist interessieren die sich nur für die ma-
   kabren Geschichten und auch dann meist nur für jene,
   bei denen es um eine Persönlichkeit geht mit einem
   gewissen Resümee.

Von unserem Falschmünzer, zum Beispiel, las ich nichts in der Boulevardpresse.

DER EINBERUFENE Bedauerlich, dass die Presse so selektiv berichtet! Aber vermutlich hätten sie sonst viele Nachahmer.

DER EHRENWERTE RICHTER Da überschätzen Sie die Presse oder das gewöhnliche Volk. Es gab schon Falschmünzer lange vor der Presse und es wird sie auch noch lange mit der Presse geben. Und die meisten stellen es ohnehin nicht gescheit an, weil sie von Egoismus oder ihrem Überlebenstrieb gedrängt werden.

DIE FABRIKANTIN Bitte, Oscar, lesen Sie uns die Stellen doch vor.

DER VATER Hier ist es: Mord und Totschlag – Ein Kommentar von unserem ehrenwerten Richter Thomas Salis.

»Der Richter: Tötungen von Menschen sind in unserem Strafgesetzbuch genau geregelt, es gibt einige Sonderfälle. Die meisten Angelegenheiten, die ich im Gericht verhandle, sind jedoch folgende: die vorsätzliche Tötung. Das bedeutet, dass die Tat geplant war, jedoch nicht grausam oder skrupellos. Und dann …

Die Pressefrau: Ist es denn nicht immer grausam und skrupellos, einen Menschen zu töten?

Der Richter: Nach unserem Gesetz nicht.

Die Pressefrau: Sie wollten noch andere Formen erörtern.

Der Richter: Eine andere häufig verhandelte Form ist der Mord: Dieser ist als besonders skrupellos und aus zu verachtenden Motiven geschehen. Die Strafe hier ist zwischen 12 Jahren und lebenslang Gefängnis. Lebenslang bedeutet nicht, wie viele annehmen, bis man ablebt, sondern dass nach 15 Jahren meist eine bedingte Entlassung folgt oder diese dann geprüft wird.

Die Pressefrau: Es gibt also achtbare Gründe für einen Mord?

Der Richter: Ja, die gibt es. Zum Beispiel kann es sich in gewissen Fällen um Notwehr handeln.

Die Pressefrau: Gibt es noch andere Formen?

Der Richter: Da ist noch die milde Form der Tötung.

Die Pressefrau: Milde Form?

Der Richter: Es handelt sich um Totschlag, wenn jemand etwa entflammten Gemüts gehandelt hat, was das Ganze entschuldbar macht.

Die Pressefrau: Entschuldbar?

Der Richter: Den Umständen entsprechend entschuldbar. Das bedeutet eine mildere Strafe. Dann gibt es noch einige weitere Sonderfälle, die ich jetzt aber nicht erörtern werde, wie die Tötung auf Verlangen usw.«

DIE FREUNDIN Also, wenn jemand nie tötet, hat diese Person nach Gesetz immer richtig gehandelt, was das Töten betrifft?

DER EHRENWERTE RICHTER Genau! Nicht zu töten, kann nach Gesetz nie falsch sein!

DIE FABRIKANTIN Aber es kann in gewissen Fällen sein, dass das Töten erlaubt ist?

DER EHRENWERTE RICHTER Erlaubt ist es explizit nicht. In gewissen Fällen verbleibt man straffrei.

Das Dienstmädchen I kommt mit dem Kaffee, dem Tee und der Milch zurück und ist im Begriff, alles darzureichen.

DIE MUTTER Du kannst gehen, Liza, wir brauchen dich nicht mehr.

DAS DIENSTMÄDCHEN I *verunsichert* Sie brauchen mich nicht mehr?

DIE MUTTER Nein, wir brauchen dich nicht mehr.

DAS DIENSTMÄDCHEN I *kurz vor den Tränen* Sie kündigen mir? Es tut mir leid, wenn ich etwas falsch gemacht habe. Ich …

DIE MUTTER Wo denkst du hin! Wir brauchen dich natürlich hier, aber ich wollte unseren Gästen selbst den Tee und Kaffee servieren, damit du dich etwas ausruhen kannst. Du hattest einen langen Tag.

DAS DIENSTMÄDCHEN I Danke, Frau von Miran. *Schaut auf den Fussboden.* Und es tut mir leid wegen vorhin. Ich wüsste einfach nicht, was ich ohne diese Stelle bei Ihnen tun würde.

DIE MUTTER Und entschuldigen Sie sich nicht immer!

DAS DIENSTMÄDCHEN I Entschuldigen Sie, Frau von Miran.

DIE MUTTER Lassen Sie endlich die Albernheiten. Sprechen Sie mich mit Caroline oder meinetwegen mit Louise an.

DAS DIENSTMÄDCHEN I *verdutzt* Verzeihen … Bis morgen Frau … *hält sich die Hand vor den Mund* … Caroline. Einen schönen Abend.

DIE MUTTER Bis morgen.

DER VATER Geniess den Abend, Liza.

Das Dienstmädchen I verlässt die Bühne.

DER POLIZEICHEF Reizend, dieses Geschöpf.

DIE FABRIKANTIN *wohlwollend* Unbeschreiblich!

Die Mutter schenkt Tee oder Kaffee aus und stellt der Fabrikantin das Glas Milch hin.

DIE FABRIKANTIN Besten Dank!

DAS FRÄULEIN Das war ein Abend.

DER EINBERUFENE Sie sagen es.

DER VATER Haben Sie schon Pläne für den Sommer, Ignes?

DIE FABRIKANTIN Ich nehme an, Sie spielen auf unser letztes Gespräch über das Mittelmeer an?

DER VATER Genau, ich … also Caroline und ich haben uns überlegt, dass wir dich gern in unser Hotel einladen, wir könnten dann auch mit unserem Segelboot einige Tage in die See stechen, da Sie das schon immer einmal wollten.

DIE FABRIKANTIN Das käme mir sehr entgegen, solch eine Einladung kann ich natürlich nicht ausschlagen.

Das Dienstmädchen II kommt mit dem Brieföffner herein und geht auf Friedrich zu.

DAS DIENSTMÄDCHEN II *hält Friedrich den Brieföffner hin* Bitte.

DER EINBERUFENE Danke, Willa, ich habe den Brief schon wieder vergessen.

Der Einberufene öffnet den Brief und zieht ihn behutsam aus dem Umschlag. Seine Freundin nebenan schaut gespannt auf den Inhalt.

DER EINBERUFENE *konsterniert – dann liest er den Brief vor oder paraphrasiert* Einberufung zum Wehrdienst – Marschbefehl. Ich soll mich schon morgen zum Sammelpunkt Alpha, Victor, Romeo, Uniform, Tango, Echo, Bravo begeben.
Uhrzeit: 1900 (neunzehnhundert)
Anzug: Uniform
Einteilung: Chilis Schoten 237
Art des Dienstes: Nyctibius – Tagschläfer
Ich muss alles packen, samt Dienstwaffe und allem.

Der Einberufene steht auf, die Freundin greift nach seinem Arm, sie drücken sich. Dann reisst er sich los, geht zu seiner Mutter und seinem Vater und umarmt sie ebenfalls.

DER EINBERUFENE Mutter, Vater, ich habe euch lieb!
DIE MUTTER *verzweifelt* Wir dich auch, Friedrich.
DER VATER Komm uns wieder ganz nach Hause – mein Sohn.
DER EINBERUFENE Das Land fordert mich ein. Ich muss euch alle verlassen. Hoffentlich bis bald.
DER EHRENWERTE RICHTER Alles Gute, Junge.
DER POLIZEICHEF *ermutigend* Halt die Ohren steif.
DIE FABRIKANTIN Ich werde dir in deine Einheit eine Palette Schokolade senden, das ist das Mindeste.
DAS FRÄULEIN Passen Sie gut auf sich auf!

Der Einberufene geht langsam Richtung Ausgang, ergreift seine Freundin und geht mit ihr von der Bühne.

DIE MUTTER Ich befürchte, unter diesen Umständen muss unsere Runde heute ein früheres Ende nehmen.
DER EHRENWERTE RICHTER Selbstverständlich.

Das Dienstmädchen II tippelt in die Küche zu dem Dienstmädchen III.
Die Mutter zieht den Vorhang zum Speisezimmer zu.

DAS DIENSTMÄDCHEN II Sofia, der Friedrich ist einberufen worden.
DAS DIENSTMÄDCHEN III Einberufen?
DAS DIENSTMÄDCHEN II Ja, er muss einrücken ins Militär.
DAS DIENSTMÄDCHEN III *schnauft nervös* Oh, Gott!

Das Dienstmädchen III lässt einen Teller fallen, er zerspringt. Es beginnt zu weinen. Kniet sich hin und nimmt die Scherben auf. Das Dienstmädchen II legt die Hand auf ihren Rücken.

DAS DIENSTMÄDCHEN II Dir liegt etwas an Friedrich, nicht wahr?
DAS DIENSTMÄDCHEN III *nickt mit dem Kopf* Ja.
DAS DIENSTMÄDCHEN II Seid ihr euch zugetan?
DAS DIENSTMÄDCHEN III Was heisst da zugetan! Ich habe einen Sohn, drei Jahre alt, meine Grossmutter kümmert sich um ihn. Ich sehe ihn nur alle zwei Wochen am Sonntag für einige Stunden, mehr nicht!
DAS DIENSTMÄDCHEN II *flüsternd* Und du bist dir sicher, dass er von Friedrich ist?
DAS DIENSTMÄDCHEN III Ich fühle mich zu Friedrich hingezo-

gen. Er sich auch zu mir, so fing das Ganze ja erst an. Aber ein Flittchen bin ich nicht!

DAS DIENSTMÄDCHEN II Und wo …?

DAS DIENSTMÄDCHEN III Nachts schlich er sich rauf in meine Mansarde. Erzählte mir, wie es sein Herz zerriss, weil er nicht schon früher bei mir sein konnte. *verärgert* Und ich glaubte ihm. *nachdenklich* Ich dachte, dass … Ich weiss nicht mehr, was ich dachte!

DAS DIENSTMÄDCHEN II Wir dürfen ja nicht mal Besuch empfangen. Und haben ständig die Bedürfnisse unserer Arbeitgeber und deren Gäste zu stillen. Wo hat man da noch Zeit, woanders Bekanntschaften zu machen? Vielleicht mal beim Einkaufen, aber welcher Mann von Rang und Namen nimmt schon ein Dienstmädchen, wir sind die unterste Schicht.

DAS DIENSTMÄDCHEN III Ja, so ist es.

DAS DIENSTMÄDCHEN II Weiss er es, das mit deinem Sohn?

DAS DIENSTMÄDCHEN III Du weisst doch, wie das läuft! Wird eine von uns schwanger, werden wir der Sittenlosigkeit beschuldigt und fristlos entlassen. Hauptsache, der Ruf der Familie bleibt intakt.

DAS DIENSTMÄDCHEN II Wieso hat deine Schwangerschaft hier niemand mitbekommen? Ich kam ja erst letztes Jahr hierher.

DAS DIENSTMÄDCHEN III Für etwas mehr als ein Jahr machte ich einen Sprachaufenthalt, eigentlich war ich bei meiner Grossmutter und sie lehrte mich etwas Französisch, obwohl sie es selbst kaum kann, aber für das Nötigste und um den Schein zu wahren, reichte es. Als ich zurückkam,

trat ich wieder dieselbe Stelle an. Mit dem Unterschied,
dass ich jetzt noch einige Worte Französisch spreche.

DAS DIENSTMÄDCHEN II Und wo hattest du das Geld her, um
in dieser Zeit zu überleben?

DAS DIENSTMÄDCHEN III Friedrich gab mir etwas Reisegeld, es
war nicht viel. Weiter habe ich das wenige, das ich als
Lohn bekomme, gespart, für einige Monate reichte es
zusammen gerade so.

DAS DIENSTMÄDCHEN II Woher weisst du dann, wie es in diesem Land und den Städtchen ist?

DAS DIENSTMÄDCHEN III Aus zwei Büchern aus der Privat-
bibliothek der von Mirans. Den Rest schnappte ich
beiläufig von den Gästen auf.

DAS DIENSTMÄDCHEN II Und was hast du jetzt vor?

DAS DIENSTMÄDCHEN III Ich weiss nicht! Ich will Friedrich
nochmals sehen. Aber wenn Eirene Humphrey ständig
bei ihm ist, kann ich das vergessen. Die hat mich ohnehin schon auf dem Kieker, wenn ich ihr die geringste
Gelegenheit gebe, war es das für mich.

DAS DIENSTMÄDCHEN II Diese feinen Pinkel scheren sich doch
einen Dreck um uns.

*Das Dienstmädchen II und das Dienstmädchen III stehen
auf und schliessen den Vorhang zur Küche.*
Die Glocke schlägt acht Uhr.

*Der Hauptvorhang bleibt offen, die Bühne wird umgebaut.
Die Küche wird entfernt und durch eine kupferne Badewanne
ersetzt, was das Badezimmer darstellt. Tisch und Stühle wer-*

den aus dem Speisezimmer getragen und durch ein grosses Bett
abgelöst, mit Masten an den Ecken, an denen Tücher den
Einblick verwehren können, aber noch feinste Konturen er-
kennen lassen. In der linken Ecke des Schlafgemachs steht ein
Paravent. Rechts vom Schlafgemach graben sich die Stelzen des
Schreibtischs, mit einigen Notizen darauf, in einen Teppich.
Alle verlassen die Bühne, einzig die Freundin Eirene Hum-
phrey ist versteckt hinter dem Paravent.

DIE FREUNDIN *legt ihren Büstenhalter über den Paravent, so,
dass er von der oberen Kante herunterhängt.*

Es rumpelt dumpf, es ist nicht bekannt, von wo.

*Die Freundin legt ihre Unterhose in gleicher Manier über
den Paravent und bleibt versteckt.*

Der Einberufene betritt das Schlafzimmer.

DER EINBERUFENE Eirene, wir müssen sprechen.

*Eirene, die Freundin, hüpft graziös zur Badewanne, beklei-
det mit einem Ballettanzug, welcher ihrer Haut zum Ver-
wechseln ähnlich sieht. Sie blickt frivol zu Friedrich, lächelt
ihn an und setzt sich elegant und verspielt in die Badewanne
und lässt das Wasser einlaufen.*

DER EINBERUFENE *geht zum Paravent, zupft fein an den Klei-
dungsstücken von Eirene, er wirkt nachdenklich.*

Die Freundin klingelt gelangweilt mit einer Glocke.

Das Dienstmädchen III betritt das Schlafzimmer.

DAS DIENSTMÄDCHEN III *springt frohgemut auf Friedrich zu, sie halten sich vertraut mit beiden Händen, sie spricht leise* Zum Glück hast du geklingelt, ich wollte dich unbedingt nochmals sehen.

DER EINBERUFENE Eirene hat geklingelt.

Das Dienstmädchen III weicht beschämt zurück und geht ins Badezimmer. Der Einberufene setzt sich an den Schreibtisch und verfasst einige Korrespondenzen.

DIE FREUNDIN Da bist du ja endlich.

DAS DIENSTMÄDCHEN III Was kann ich für dich tun?

DIE FREUNDIN Nur weil ihr Frau von Miran mit Caroline ansprechen dürft, gilt dies noch lange nicht für mich! So weit kommt es noch, dass Gesinde wie du mich so anspricht! Immer noch Frau Humphrey für dich.

DAS DIENSTMÄDCHEN III *ballt die Faust gezwungen und krampfhaft* Was kann ich für Sie tun, Frau Humphrey?

DIE FREUNDIN *befriedigt* Sei so gut und bring mir dieses Gläschen Creme mit Teufelskralle.

DAS DIENSTMÄDCHEN III *leicht spöttisch* Teufelskralle – kommt sofort, Frau Humphrey.

DIE FREUNDIN *arrogant* Und spurte dich, ich bin mich nicht gewohnt zu warten.

DAS DIENSTMÄDCHEN III Gewiss nicht, Frau Humphrey.

Das Dienstmädchen III flitzt aus dem Badezimmer, im Schlafzimmer hält Friedrich seinen Arm und zieht Sofia zu sich.

DER EINBERUFENE *flüsternd* Jetzt bleib doch kurz stehen, Sofia.

DAS DIENSTMÄDCHEN III *reisst sich verärgert los* Frau Humphrey ist es nicht gewohnt zu warten. Sie wünscht Teufelskralle, die will ich ihr nicht vorenthalten!

Das Dienstmädchen III verlässt das Schlafzimmer. Der Einberufene betritt das Badezimmer.

DER EINBERUFENE Was hast du zu Sofia gesagt?

DIE FREUNDIN Du meinst, dem zerfledderten Spätzchen – diesem Gesinde, das gerade rausging?

DER EINBERUFENE Ja.

DIE FREUNDIN Wieso interessiert dich das?

DER EINBERUFENE *genervt* Du hast meine Motive nicht zu hinterfragen, sondern mir eine Antwort zu geben.

DIE FREUNDIN Die weiss nicht, wo ihr Platz ist, der muss man mal ordentlich Manieren beibringen.

DER EINBERUFENE Morgen rücke ich ein, ist dir das eigentlich egal? Vielleicht komme ich nicht mehr zurück, wie mein enger Freund Wilfried, der vor wenigen Monaten im Krieg gefallen ist! Ich dachte, wir verbringen noch etwas Zeit zusammen, aber du weichst dich nur in der Badewanne auf.

DIE FREUNDIN *entzückt* Du willst Zeit mit mir verbringen.

Die Freundin steigt aus der Wanne, die beiden halten Blickkontakt. Sie trocknet sich mit einem Tuch ab und wirft es auf den Boden. Eirene geht auf Friedrich zu, er schleicht rückwärts in Richtung Bett, sie folgt ihm auf ihren Zehenspitzen.

DER EINBERUFENE *lustvoll* Nicht so schüchtern, mein Raubkätzchen.

Eirene geht auf alle viere und imitiert ein Raubtier, das Friedrich folgt. Dieser hüpft aufs Bett und zieht den Vorhang vom Bett zum Publikum und zur Badezimmerseite zu. Die Flanke zum Schreibtisch lässt er offen.

DIE FREUNDIN Locke mich in deinen Hinterhalt – bette dich in deiner Fallgrube.

DER EINBERUFENE *wirft seine Hose und sein Hemd auf der Seite aus dem Bett* Das sollte als Lockspeise genügen.

DIE FREUNDIN *beisst in die Hose und schüttelt den Kopf hin und her* Ich komme und beisse dich!

Die Freundin lässt von der Hose ab und steigt elegant wie ein Raubkätzchen ins Bett. Der Bettvorhang wird auf der letzten offenen Seite zugezogen. Man sieht nur feine Konturen der beiden.

DER EINBERUFENE Komm her, ich will dich!

DIE FREUNDIN Küss meinen Hals.

DER EINBERUFENE Ich liebe deinen Körper.

DIE FREUNDIN Nicht aufhören.

Nach zwanzig Atemzügen von Eirene Humphrey

DER EINBERUFENE Benutz deinen Mund.
DIE FREUNDIN Ich weiss doch, dass dir das gefällt.

Nach fünfzehn Atemzügen von Friedrich:

DER EINBERUFENE Dreh dich!
DIE FREUNDIN So?
DER EINBERUFENE Nein, nicht so! Ich meine eine andere Stellung. Du musst weiter … warte …
DIE FREUNDIN Ich weiss, was du meinst, das war das, was wir …
DER EINBERUFENE Genau.
DIE FREUNDIN Gefällt's dir so?

Das Dienstmädchen III betritt mit dem Gläschen Teufelskralle das Schlafzimmer, die beiden im Bett nehmen sie nicht wahr.

DIE FREUNDIN Fester.
DER EINBERUFENE *stöhnend* Ja.
DIE FREUNDIN Mach mich fest. Ich will ganz dir gehören.

Das Dienstmädchen III sackt auf die Knie, die Creme rollt über die Bühne, Verzweiflung und Wut erfassen ihr Gemüt, was sich durch Tränen und Körperspannung ausdrückt.

DER EINBERUFENE Damit sollte es klappen.

Das Dienstmädchen III spricht zur Seite.

DAS DIENSTMÄDCHEN III *weinerlich* Oh, du zerbrichst mich, Friedrich, wieso tust du mir das an? Was habe ich dir getan? Ich liebe dich und hasse mich dafür. Es schmerzt mich so. Doch du vergnügst dich nur. Dein lustvolles Treiben ist mein Leid. Ich bin nur ein Amüsement, eine Zeitvertreibung. Ich muss dir alles hergeben, meine Zeit, meine Gedanken, meine Worte und meine Handlungen. Ich bin hier angebunden und du – du bist frei. Und was bekomme ich? Was habe ich davon? Bin nicht wie Eirene in vier Sprachen unterrichtet worden, genoss keine Privatstunden in Geografie oder Astrologie. Habe nichts vorzuweisen, was in dieser Welt zu zählen scheint. Habe kein Geld! Was habe ich? Mein geschaffter Körper und meine Mansarde auf dem Dachboden, aus der ich rausfliege, wenn ich hier noch länger den Boden mit meinen Tränen und meinem Kummer beflecke.

Tristesse breitet sich aus. Die eine Hälfte verdeckt, mit ihren düsteren Mönchskutten bekleidet, den Bühnenumbau, indem sie hin und her schwingen – die schwarzen Flecken. Die anderen bauen alles auf der Bühne ab, Badezimmer und Schlafzimmer. Das Aufräumen findet ohne Rücksicht auf Lärm statt, da dies das Rumoren im Herzen und im Kopf von Dienstmädchen III darstellt. Das Dienstmädchen III entzündet eine Kerze und geht zwischen den Schatten umher. Die andere Hälfte baut eine Mansarde aus gespaltenen Holzlatten auf. Von oben eine Dachschräge symbolisiert durch zwei Stangen, verbunden mit einem Tuch, das in 45 Grad ab einem Meter beginnt, links eine Wand mit herunterhängender Tapete, rechts eine kaputte

Kommode. Vorne links einige Mauersteine lose aufeinander-
gestapelt. In der Mitte ein schmales Bett.

Während des Umbaus:

DAS DIENSTMÄDCHEN III Es rumort in meinem Kopf, mein
  Herz, es bricht nicht, ich finde keinen klaren Gedanken
  mehr. Ich muss diesen Funken schützen, mit allem, was
  ich habe, sonst verliere ich mich in der trostlosen Dunkel-
  heit. Wo bist du nur hin, mein Licht, das alles erstrahlen
  lässt. Doch wenn sich die Welt um mich erhellt, will ich
  die Augen schliessen. Da ich diese grotesk anmutende
  Brutalität nicht ertrage. Vielleicht sollte ich die Schatten
  umarmen, da sie die Hässlichkeit dieser Welt verschleiern.

Umarmt einen Schatten nach dem anderen, lehnt sich an die
Mönchskutten und spricht zu ihnen.

DAS DIENSTMÄDCHEN III *zu* MÖNCHSKUTTE I: Du gibst mir Halt.
  zu MÖNCHSKUTTE II: Du leitest mich an.
  zu MÖNCHSKUTTE III: Du achtest mich.
  zu MÖNCHSKUTTE IV: Du bist friedlich.
  zu MÖNCHSKUTTE V: Du spendest Wärme.
  zu MÖNCHSKUTTE VI: Du spendest mir Kraft.
  zu MÖNCHSKUTTE VII: Du gibst mir Sicherheit.

Wenn der Umbau vollendet ist, gehen alle Bühnenbauer ab. Die
Mönchskutten folgen gemächlich. Das Dienstmädchen III bleibt
mit der Kerze vor der Mansarde stehen und blickt zum Publikum.

DAS DIENSTMÄDCHEN III *stellt das Licht auf die Kommode* Und
du, Mansarde, gibst mir Geborgenheit.

Das Dienstmädchen III holt eine löchrige Decke mit meh-
reren Flicken hervor, spannt sie vor sich auf, legt sich in ihr
Bett, zieht die Bettdecke über sich und kuschelt sich ein.

Die Gefühle der Mönchskutten tragen das Dienstmädchen
III in den Schlaf. Die Mönchskutten schieben Stühle herein
und bilden einen kleinen Halbkreis schräg vor dem Bett. Die
Mönchskutten bleiben hinter den Stühlen stehen und halten
die Lehnen, bis
Violine,
Xylofon,
Flöte,
Klarinette,
Trommel,
Triangel
und Cello
Platz genommen haben.
Die Mönchskutten halten die Hände jeweils über dem Kopf
des Orchesters zusammen und legen sie auf deren Schultern.
Die Mönchskutten entfernen sich, dann beginnt das Mini-
orchester ein sanftes und fröhliches Lied zu spielen, wobei es
sich um ein improvisiertes Stück handelt.

Alsbald das musikalische Spiel zu Ende ist, schliesst der Haupt-
vorhang.

Zweiter Akt

Der Vorhang öffnet sich. Kleine Erdwälle verlaufen über das Feld, zwischen diesen kauern spanische Reiter, umwickelt mit Draht. Auf der rechten Seite ein braunes Kommandozelt. In der hinteren linken Ecke plakatiert eine Landkarte, davor ein Podium, umzingelt von mehreren Regiestühlen. Der befehlshabende Offizier flüstert dem Unteroffizier etwas ins Ohr. Daraufhin geht der befehlshabende Offizier ins Zelt. Der Unteroffizier fusst im Dreck vor dem Zelt.

DER UNTEROFFIZIER *steht stramm und ruft lauthals* Achtung: Einsatzbesprechung!

DER SOLDAT I *kommt von rechts, streift sich den Hosenträger über.*

DER SOLDAT II *zupft die Hose zurecht und macht den Gürtel zu.*

DER SANITÄTER *wischt sich mit einem weissen Tuch die tropfend blutigen Hände.*

DER EINBERUFENE *geht gemütlicher Manier zum Zelt.*

DER UNTEROFFIZIER Im Laufschritt, ihr faulen Säcke!

DIE SOLDATIN III *läuft zum Zelt, hat nur einen Schuh an. Der andere türmt in ihrer Hand.*

Der befehlshabende Offizier wirft seine Zigarette auf den Boden und zerdrückt die qualmende Glut unter seinem Schuhwerk. Der Unteroffizier steht schräg versetzt neben dem Podium stramm, sieht dabei in die rechte vordere Ecke

*des Zelts. Die anderen stehen stramm vor den Stühlen, die
sich ums Podium und den befehlshabenden Offizier reihen.*

DER UNTEROFFIZIER *brüllend* Setzen!
DER BEFEHLSHABENDE OFFIZIER *diktatorisch* Sitzen Sie bequem!

Alle entspannen sich.

DER BEFEHLSHABENDE OFFIZIER Gebürstet wurdet ihr in der
   Ausbildung. Hier sind wir im Krieg! Die sind im Vorteil, das ist ihr Land. Aber diese Schwachköpfe nehmen
   immer die gleiche Route für ihren Konvoi. *zeigt mit
   einem Stab auf die Landkarte* Dort entlang. Hier über-
   raschen wir sie und greifen sie an. Bei diesem Engpass
   machen wir die Hunde kalt.
   Ich will Kopfschüsse, keine halben Sachen. Ihre Trup-
   penstärke ist kleiner als unsere. Operationsstart am
   Morgen 0400. Wir rücken in der Formation Nacht-
   schwärmer an. Noch Fragen?
DER EINBERUFENE Wir sollen allen Kopfschüsse verpassen?
DER BEFEHLSHABENDE OFFIZIER Ich will, dass ihr allen den
   Kopf wegpustet. Euer Befehl lautet, sie alle zu töten.
DER EINBERUFENE *wütend und engagiert* Töten ist gegen das
   Gesetz! Es ist uns nicht erlaubt, Menschen zu töten, nir-
   gends steht geschrieben, das Töten im Krieg explizit er-
   laubt ist. Und selbst wenn, zu Hause bei uns können wir
   auch nicht einfach Menschen über den Haufen knallen.
DER UNTEROFFIZIER Schnauze halten, wir sind im Krieg, da

werden Menschen getötet! Sie sind nicht hier, um zu denken, Sie haben die Befehle vom Staat zu befolgen.

DER EINBERUFENE Sie wollen also, dass ich etwas tue, das gegen das Gesetz ist – ich soll töten. Der Staat will also, dass wir töten und morden!

DER BEFEHLSHABENDE OFFIZIER Im Krieg ist es so üblich, da gibt es Tote.

DER EINBERUFENE Wenn es so üblich ist, wieso gibt es dann kein Gesetz, welches das Töten explizit regelt und erlaubt? Es steht im besten Fall etwas von Verhältnismässigkeit.

DER BEFEHLSHABENDE OFFIZIER *spöttisch* Da Sie sich mit Gesetzen auskennen, ist Ihnen sicherlich der Artikel Notwehr bekannt. Packen Sie die Tötungen einfach da rein, wenn Sie dann besser schlafen können.

DER EINBERUFENE Das könnte ich, wenn ich angegriffen werde, aber wir sind hier in deren Land und wir greifen sie in ihrem Konvoi an, das haben Sie vorhin gerade gesagt – wenn wir angreifen, ist es keine Notwehr! Und weiter ist dieser Artikel der Notwehr aus zivilen Gesetzen, doch diese scheinen hier einfach wie selbstverständlich aufgehoben.

DER BEFEHLSHABENDE OFFIZIER *energisch* Ist Ihnen eigentlich noch zu helfen! Natürlich greifen wir sie an! Oder wollen Sie sich zuerst anschiessen lassen?

DER EINBERUFENE Und was bildet jetzt die gesetzliche Grundlage, diese Menschen zu töten? Wer hat das entschieden?

DER BEFEHLSHABENDE OFFIZIER In Kriegsgebieten gilt das Tötungsverbot nicht.

DER EINBERUFENE Also könnte ich Sie hier und jetzt töten und ich verstosse gegen keine Gesetze, da das Tötungsverbot nicht gilt?

DER BEFEHLSHABENDE OFFIZIER Nein, Sie Schwachkopf! Den Feind können Sie in einem Kriegsgebiet töten, und Sie verstossen gegen kein Gesetz. Wenn Sie mich töten, verstossen Sie gegen ein Gesetz!

DER EINBERUFENE Wenn ich Sie töte, verstosse ich gegen das Gesetz, wenn der Feind Sie tötet, ist es nicht gegen das Gesetz! Finden Sie nicht, dass wir den Feind juristisch bevorzugt behandeln? Ich dachte, dass Gleichheit vor dem Gesetz herrscht?

DER SANITÄTER *lacht* Und wer ist unser Feind?

DER UNTEROFFIZIER Die Feinde sind …

DER EINBERUFENE Die Feinde sind Menschen! Und wenn ich in ihrem Land geboren worden wäre, würde ich jetzt auf der anderen Seite kämpfen! Vermutlich würde ich nicht kämpfen wollen und dafür hingerichtet.

DER BEFEHLSHABENDE OFFIZIER Wir kämpfen nur, wenn der Krieg Aussicht auf Erfolg hat, sonst ist ein Krieg nicht zulässig.

DER EINBERUFENE Der Krieg ist für niemanden ein Erfolg. Aber wenn man Ihrer Logik folgt, muss die eine Seite in einem Krieg immer unrechtmässig im Krieg sein, denn es können nicht beide Seiten Aussicht auf Erfolg haben. Die eigene Seite ist ja immer rechtmässig im Krieg, kommt Ihnen das nicht verdächtig vor? Und wie begründen sie, dass das Tötungsverbot nicht gilt? Dass wir uns im Krieg befinden, ist kein hinreichendes Argument! Und es ist ja nicht so, als würden nur Soldaten umgebracht. Es gibt auch Kollateralschäden, Zivilisten, die wegen uns verrecken. Nicht dass es Absicht ist, aber es passiert eben oder kann nicht vermieden werden.

DER BEFEHLSHABENDE OFFIZIER Sie wollen also grundsätzlich nicht kämpfen oder einen Dienst mit Waffe leisten?

DER EINBERUFENE Nein. Ich lehne das Kämpfen nicht prinzipiell ab. Wenn unser Land angegriffen wird, würde ich uns verteidigen. Aber das ist hier nicht der Fall.

DER BEFEHLSHABENDE OFFIZIER *ernst und sachlich* Würden Sie generell nicht kämpfen wollen, dann könnte ich Sie eventuell von Ihren Pflichten entbinden lassen durch einen entsprechenden Antrag, jedoch winken sie nicht immer alle Anträge durch.

DER UNTEROFFIZIER Mir scheinen die Kriterien aber nicht gegeben.

Sie erscheinen morgen 0400 wie alle anderen, sonst hat das Konsequenzen.

DER SANITÄTER *leise zu seinem Nachbarn* Was ist das für ein Antrag, dass man nicht kämpfen muss? So etwas habe ich ja noch nie gehört!

DER EINBERUFENE Ich wollte ja nur die Grundlagen für das Töten und Morden wissen. Doch offensichtlich behilft man sich hier der schalen Rhetorik als Legitimation.

DER SOLDAT I Morgen machen wir die Mistkerle platt.

DER UNTEROFFIZIER Abtreten!

Es gehen alle von der Bühne ab, der Vorhang geht zu.
Das Zelt und die spanischen Reiter werden entfernt, ansons-
ten ist die Landschaft gleich.

Alle Soldaten stehen in zwei Reihen zum Abmarsch bereit.
Hintere Reihe: der Unteroffizier, der Soldat I, der Soldat
II und die Soldatin III.
Vordere Reihe: der befehlshabende Offizier, der Einberufene
und der Sanitäter.

DER UNTEROFFIZIER Marsch – links – rechts – links – rechts –
    links – rechts – links – rechts …

Soldaten treten auf der Stelle.

DER SANITÄTER *futtert mampfend Biskuits.*
DER UNTEROFFIZIER *hält die geballte Faust nach oben* Kom-
    panie halt.
DER BEFEHLSHABENDE OFFIZIER Gedeckt in Stellung! Auf alle
    viere, pirscht euch wie Raubtiere an und versteckt euch
    hinter den Hügeln.

Die Soldaten gehen auf alle viere, kriechen zu den Hügeln
und legen sich hinter die grünen Erdwälle der Natur auf
den Boden. Der Einberufene ist neben dem befehlshabenden
Offizier in Stellung.

DER BEFEHLSHABENDE OFFIZIER Laden Sie Ihr Gewehr.
DER EINBERUFENE *lädt das Gewehr durch* Schussbereit.

*Der feindliche Soldat I, der feindliche Soldat II, die feind-
liche Soldatin III marschieren auf der linken Bühne hinter
den Erdwällen auf.*

DER FEINDLICHE SOLDAT I Ich hasse diesen elenden Krieg. Ich
bin froh, wenn ich wieder zu Hause bei meiner Frau
und den Kindern bin.
DER FEINDLICHE SOLDAT II Die da oben haben andere Pläne für
uns. *Zeigt mit dem Finger in die Luft.*
DIE FEINDLICHE SOLDATIN III Nicht mal Gott bremst diese Spin-
ner aus.
DER FEINDLICHE SOLDAT II Die opfern uns wie Bauern auf dem
Schachbrett, wenn es denn sein muss. Unser Leben
bedeutet hier nichts.

Die feindlichen Soldaten halten ein.

DIE FEINDLICHE SOLDATIN III *reicht dem feindlichen Soldat I
einen Flachmann* Trink was davon.
DER FEINDLICHE SOLDAT I *trinkt* Wenn man schon nicht fort-
kann.
DER FEINDLICHE SOLDAT II Gib das edle Gesöff mal rüber.
Nimmt einen Schluck.
DIE FEINDLICHE SOLDATIN III Die verrohen uns hier, indem sie
den Feind unmenschlich machen. Die lassen uns glauben, dass wir Monster töten, mag ja in manchen Kriegen stimmen, aber hier sind das vermutlich alles auch
nur Menschen, die eigentlich nur Frieden wollen, mit

der Familie und Freunden den Tag verbringen wollen, denn wer will schon in ständiger Angst leben niedergeschossen zu werden.

DER FEINDLICHE SOLDAT II Ja, genau! Die Befehlskette verschleiert unsere eigene Schuld.

DER FEINDLICHE SOLDAT I Ich ertrage die Scheisse hier nicht mehr.

Letzten Monat musste ein Kumpel eine neue Mörsergranaten-Abschussvorrichtung testen. Er brachte das Teil im Dreck in Stellung. Feuerte drauflos, so wie es der Offizier verlangte. Dann ein Kind, vielleicht sieben oder acht, läuft hinter einem Hund her, sie kamen aus dem verdammten Waldstück gerannt. Der Hund weicht intuitiv den Mörsergranaten aus, aber das Kind ... *verstummt kurz* ... verschwand in einem Lichtblitz, erloschen, mit Erde. Wir liefen zum Krater, suchten die Körperteile zusammen, legten sie zusammen, wollten das Kind wieder ganz machen, unsere Schuld abbauen. Der andere zog die Waffe und streckte den Hund nieder. Und schrie: »Du beschissenes Vieh, wieso hast du dir nicht einen anderen Weg gesucht.« Ich stapelte die Fleischklötze mit meinen Händen, wollte alle Fleischbrocken immer noch zusammenbauen, aber das Leben ist mehr als seine Teile. Ich sah das Blut auf meinen Händen – wollte mir den Kopf wegschiessen.

DER FEINDLICHE SOLDAT II Vor diesem Krieg war ich ein Mensch, der Wärme hatte, ich schätzte die Menschen. Die haben mir alles genommen. Mir ist alles gleichgültig geworden.

DER BEFEHLSHABENDE OFFIZIER Auf mein Zeichen, Feuer frei!

Ein Bauer, sein Sohn und seine Tochter nähern sich den feindlichen Soldaten. Nur der Einberufene sieht sie.
DER EINBERUFENE Da sind drei Zivilisten, nicht schiessen!
DER BEFEHLSHABENDE OFFIZIER Wo?
DER EINBERUFENE Nähern sich von hinten dem Konvoi!
DER BEFEHLSHABENDE OFFIZIER Ich sehe keine Zivilisten. Sie wollen doch nur unsere Operation sabotieren. Und selbst wenn drei Zivilisten draufgehen, da scheiss ich drauf.

Der Einberufene legt sein Gewehr nieder.

DER EINBERUFENE Ich will damit nichts mehr zu tun haben, ihr seid vollkommen verrückt, ich schiesse nicht, nur weil Sie mit dem Finger wedeln.

Der Einberufene eilt ohne Gewehr davon.

DER BEFEHLSHABENDE OFFIZIER *hält den Zeigefinger drohend in die Luft* Das ist Befehlsverweigerung – Fahnenflucht!
DER UNTEROFFIZIER Um den kümmern wir uns später.

Der Einberufene ist aus dem Sichtfeld.

DER BEFEHLSHABENDE OFFIZIER Feuer frei!

Es wird mit Stäben auf Blechdosen geschlagen. Die feindlichen Soldaten fallen einer nach dem anderen, der Bauer und seine zwei Kinder liegen auch auf dem Boden.

DER BEFEHLSHABENDE OFFIZIER Feuer einstellen!

DER UNTEROFFIZIER *zu Soldat I und Soldat II* Ihr zwei seht nach.

DER BEFEHLSHABENDE OFFIZIER *zu Unteroffizier und Soldatin III* Holen Sie diesen elenden Verräter zurück.

Der Unteroffizier und die Soldatin III verschwinden in der gleichen Richtung wie der Einberufene.
Die anderen begeben sich zu den Erschossenen. Laufen an den Leichen der feindlichen Soldaten vorbei und begutachten stolz ihr Werk.

DER SOLDAT I Die sind hinüber.

DER BEFEHLSHABENDE OFFIZIER Gute Arbeit.

DER SOLDAT II *steckt den Flachmann vom Feind ein* Das kann man wenigstens gebrauchen.

Sie kommen zu dem Bauern und den Kindern, alle drei mit Blut begossen.

DER BEFEHLSHABENDE OFFIZIER Sanitäter, wie steht es um die drei?

DER BAUER *leise und krampfhaft* Nicht meine Kinder.

DER SANITÄTER *schüttelt den Kopf* Wir können nichts mehr für sie tun.

Der Unteroffizier und die Soldatin III kommen mit dem gefesselten Einberufenen zurück.

DER BEFEHLSHABENDE OFFIZIER Am liebsten würde ich dich nach Sitte des Standgerichts auf der Stelle erschiessen lassen. Aber wir haben human Krieg zu führen. Man wird dich in der Heimat an ein Gericht überstellen.

Vorhang schliesst.

Dritter Akt

Der Verhandlungssaal des Militärgerichts ist gefasst mit dunkel eingefärbten Rechtecken, die Fugen überdeckt mit verqueren Balkenlagen. Die Färbung soll das unumstössliche Traditionelle beschützen. Vorn in der Mitte reihen sich eine Richterin und zwei Richter. Rechts auf der Seite sitzt ein Gerichtsschreiber. Vorsitzender Richter ist der ehrenwerte Richter Salis. Der Angeklagte befindet sich vor den erhöhten Richtern auf der linken Seite in den niederen Rängen. Der Kläger, der Staat, harmoniert rechts an einem Tisch. Hinten einige Zuschauer hingepflanzt, unter anderem die Freundin Eirene Humphrey.

DER EHRENWERTE RICHTER Hiermit eröffne ich die Verhandlung.

Angeklagt ist Friedrich von Miran. Beschuldigt wird der Angeklagte der Desertion, der unautorisierten Absenz sowie der Befehlsverweigerung. Dies ist die dritte Sitzung. Das Gericht hat alle Beweise gesichtet, die Aussagen von dem Angeklagten und der Klägerschaft sowie den Zeugen angehört. Bevor die Richterinnen und Richter sich zur Urteilsfindung zurückziehen, hat der Angeklagte Friedrich von Miran die Gelegenheit, sich abschliessend zum Verfahren zu äussern, sofern er dies wünscht.

DER VERTEIDIGER *steht auf* Der Angeklagte hat nichts …

DER EINBERUFENE *zieht seinen Verteidiger runter* Ich werde mich äussern.

DER VERTEIDIGER *leise zu Friedrich von Miran* Das ist ein Fehler.

DER EINBERUFENE *steht auf* Ehrenwerter Richter Salis, ehrenwerte Richterin Blum, ehrenwerter Richter Flury, ehrenwertes Gericht. Ich möchte die Gelegenheit nutzen, mich zu äussern vor der Urteilsverkündung – ich meine Urteilsfindung.

DER EHRENWERTE RICHTER Das Gericht hört Ihnen zu.

DER EINBERUFENE Vor nicht allzu langer Zeit war ein Richter bei meiner Familie zu Besuch, er ist mehreren Gerichten vorsitzend. Er äusserte sich zu den zivilen Gesetzen zum Thema Mord, ich glaube nicht, dass ich erwähnen muss, dass es neben der Notwehr eigentlich kaum ein Schlupfloch für solche Gewalt gibt. Die Sachlage ist eindeutig. Aber diese Gesetze gelten für Zivilisten. Bei Militärangehörigen finden sie keine Anwendung. Obwohl ich als Zivilist einberufen wurde, gelten meine zivilen Rechte und Pflichten nicht mehr. Wir befinden uns hier in einem Militärgericht, welches abgesondert von diesen zivilen Gesetzen agiert. Die Bundesverfassung sieht Rechtsgleichheit für alle vor. Dennoch bin ich hier angeklagt, weil ich nicht töten will oder einem Befehl zu töten nicht Folge geleistet habe. Weiter wurde verlangt, auf Zivilisten zu schiessen, oder sagen wir so, es wurde keine Rücksicht genommen.

DER KLÄGER Sie sind nicht angeklagt, weil Sie nicht töten wollten. Sie sind angeklagt unter anderem wegen Desertion: Das heisst entweder: Sie haben sich ohne Erlaubnis von der Truppe entfernt mit der Absicht verbunden des Fernbleibens.

Oder Sie leisteten nicht Dienst, um sich vor einer gefähr-
lichen Aufgabe zu drücken. Oder Sie kooperierten mit
feindlichen Einheiten ohne Erlaubnis. Dass Sie mindes-
tens etwas davon taten, ist hinreichend bewiesen. Dass
Sie nicht töten wollten, ist lediglich Ihr Motiv.

DER EHRENWERTE RICHTER Der Angeklagte darf ausführen.
Ich ermahne Sie als Klägerschaft des Staates, ihn nicht
weiter zu unterbrechen.

DER EINBERUFENE Das macht im Grunde keinen Unterschied. Denn Fahnenflucht ist die einzige Möglichkeit,
nicht zu töten.

Wir sind kein Schurkenstaat und dennoch kommt es
niemandem hier komisch vor, dass allen Deserteuren,
die sich gegen die Mordaufträge stellen, mit mehreren
Jahren Gefängnis und sogar der Todesstrafe gedroht
wird. Und das in einem Land, in dessen Verfassung von
Freiheit die Rede ist und von Gleichheit vor dem Gesetz.
Wie kann es sein, dass ich einerseits nicht töten darf
und andererseits töten muss? Das führt genau zur Un-
gleichheit vor dem Gesetz, denn ein Bürger wird angeklagt des Mordes, wenn er einen anderen tötet, aber
wenn ich einen Soldaten einer feindlichen Armee um-
bringe, ist es eine Heldentat und kein Verbrechen.

Wenn auf zivilem Territorium ein Mensch getötet wird,
kommt eine Scharade der Polizei, ein ganzes Aufgebot
und mögliche Zeugen werden befragt.

Finden die Tausenden, die ihr Leben in unseren
Kriegen lassen mussten, auf unserer oder der anderen

Seite Anerkennung im Radio, wird die Durchgabe aufgenommen wie ein Wetterbericht. Es besteht keine Notwendigkeit, auch nur einen dieser Tathergänge zu untersuchen, es gibt kein Aufgebot von Polizei, keine Spurensicherung, keinen Präsidenten, der davon spricht, diese Soldaten auf der anderen Seite zu verhaften, die unseren Soldatinnen und Soldaten dies antaten. Und der Grund dafür ist: Man hat sich diese pseudohumanitäre Kriegsführung zu eigen gemacht, um selbst das groteskeste, Menschenfleisch zerfetzendste Verhalten an den Tag legen zu dürfen. Diese artifizielle Legitimierung des Abschlachtens erschüttert mich zutiefst.

Einzelne Menschen dürfen sich nicht mehr duellieren, es waren selbstredend nur wenige satisfaktionsfähig, doch die Staaten sehen sich wohl noch immer ihrem Kodex Morbidus unterstellt. Man kann doch nicht so leichtfertig mit dem Töten umgehen.

Ihr verratet euer eigenes Gebilde unserer Staatsform mit diesem Gericht und mit dieser Ansicht von Desertion. Ihr verratet den Menschen! Jemanden einsperren zu wollen oder gar zu töten, nur weil er eine andere Ansicht hat – und keine Menschen töten will.

Nicht lange ist es her, als unser Land und unsere Bevölkerung Soldaten von feindlichen Armeen zum Tod oder zu Gefängnis verurteilten, die nur ihre Befehle befolgten. Gleichzeitig bietet man unseren Soldaten keine echte Möglichkeit, ebendiese Befehle zu verweigern in unseren eigenen Reihen.

Für mich ist nicht klar, wie der Staat ermächtigt sein sollte zu bestimmen, dass bei Bürgern plötzlich Grundrechte und Pflichten dahinfallen. Wie er seinen Bürgern, die er einberuft, das Recht auf Leben entziehen darf, indem er dem Feind erlaubt, seine Bürger zu töten, ohne Konsequenzen zu fürchten, weil es ja gebührlich ist, im Krieg zu töten. Und wie er es sich selbst erlaubt, all die Menschen zu töten, weil sie die falsche Wehrkleidfarbe tragen, und Zivilisten erschiesst, sprengt und schnetzelt, weil es so üblich ist.

Und wissen Sie, worauf wir schiessen sollen, was für Menschen wir töten sollen? Solche, die auch wie wir durch Androhung von Gefängnis oder gar die Todesstrafe versklavt von ihrem Staat, getrieben von inkompetenten Fatalisten sich gegenseitig niederstrecken, weil sie das falsche Muster, die falschen Stoffe tragen. Wie kann es als Rechtfertigung hinhalten, einen Menschen zu erschiessen, nur weil seine Uniform eine andere Farbe hat. Unsere militärischen Strukturen sind zutiefst marode. Zivilisten, unbewaffnet, werden von unserem Militär niedergeschossen – sagen Sie mir, wieso? Wie steht das in Einklang mit unserer Verfassung? Das Militär ist in seinen Gesetzen lediglich an eine manierierte Angemessenheit gebunden, wenn es darum geht zu töten. Doch viele sind weder kompetent, gut zu entscheiden, noch die längerfristigen Folgen richtig abzuschätzen.

Das Gericht hier müsste sich lächerlich vorkommen. Es plant, mich einzusperren, weil ich nicht töten will. Es kann einen aber nicht von seinen Rechten und

Pflichten als Zivilist entbinden. Es gibt kein Gesetz, das diesen Übergang präzise regelt. Hier verweist man lediglich auf Üblichkeit oder Gewohnheit. Es ist wie mit einem Lichtschalter. Wenn es dunkel ist, ist Krieg, einberufene Zivilisten werden vors Militärgericht gezerrt, weil sie niemanden töten wollen. Und wenn das Licht brennt, sagen alle, die zivilen Gesetze stellen das Töten unter Strafe. Aber den Lichtschalter, den Übergang von dunkel zu hell oder hell zu dunkel, hinterfragt hier niemand. Genauso wenig die Individualrechte. Weiter wird im Krieg auf diese edlen Abkommen verwiesen, wobei dann Verstösse von unserem Land selbst nicht verfolgt werden, weil wir mit unseren Vetos wedeln. Wenn wir uns ja, wie wir behaupten, an diese edlen Grundsätze halten würden, wie kann es dann sein, dass wir Untersuchungen verhindern? Wovor haben wir Angst? Sie werden in Ihren Gesetzen keine befriedigende Ausführung finden, wieso ich plötzlich alle meine Rechte verliere, warum ich nicht mehr den zivilen Gesetzen unterstellt bin. Obschon mir diese Rechte nach der Verfassung zustehen.

DER EHRENWERTE RICHTER Haben Sie Ihre Ausführung geschlossen?

DER EINBERUFENE Das habe ich, ehrenwerter Richter Salis.

DER EHRENWERTE RICHTER In diesem Fall wird sich das Gericht zur Urteilsfindung zurückziehen.

Die Richterinnen und Richter verlassen das Gericht, der Vorhang geht zu.

Der Vorhang geht auf, gleiche Sitzordnung.

DER EHRENWERTE RICHTER Der Angeklagte Friedrich von
    Miran wird vom Gericht der Desertion schuldig ge-
    sprochen. Die Strafe wird vom Gericht auf 28 Monate
    festgelegt. Weiter wird er aus dem Militär entlassen.
    Zur Urteilsbegründung: Der Angeklagte wurde durch
    Festnahme zur Truppe zurückgebracht, was das Straf-
    mass beträchtlich erhöht.
    Weiter ist zu nennen, dass die Argumentation des An-
    geklagten, er habe nicht töten wollen, nicht stichhaltig
    ist, da er, wie er sagte, unser Land und sich bei einem
    Angriff sehr wohl verteidigen würde. Das Gericht be-
    findet, er wollte sich nur vor einem gefährlichen Einsatz
    drücken.
    Weiter äusserte der Beklagte, keine Zivilisten töten
    zu wollen. Das Gericht sieht hier die Zulässigkeit
    einer minimalen Inkaufnahme, Zivilisten zu töten,
    sofern dies mit den höheren Interessen im Einklang
    ist. Aufgrund einer groben Prüfung desselben kam
    das Gericht zum Schluss, dass keine Unverhältnis-
    mässigkeit im eigentlichen Sinne vorlag, auch wenn
    ein Bauer und seine zwei Kinder durch unsere Trup-
    pen erlagen. Der Verurteilte hätte dies in einem an-
    deren Verfahren zu beanstanden und zu beweisen,
    welches nicht Bestandteil dieser Verhandlung ist.
    Der Vorbehalt des Beklagten, dass durch diesen Ein-
    satz Zivilisten getötet wurden, ist insofern vom Gericht
    nicht anzuerkennen, als zum Zeitpunkt der Befehlsaus-

gabe keine Informationen Vorlagen, respektive der Verurteilte diese nicht belegen kann, somit nicht stichhaltig nachweisen konnte, dass der Einsatz die Verletzung von Zivilisten zur Folge hatte. Herr von Miran wies auf Zivilisten hin, jedoch konnte sie keiner der anderen vor Ort sehen. Der Angeklagte hat also lediglich spekuliert, dass es verletzte Zivilisten geben werde.

Weiter wiegt schwer, dass er durch Missachtung der Befehlskette die eigene Truppe in Gefahr gebracht hat. Da die Desertion in einem aktiven Krieg geschah, hätte das Gericht den Verurteilten auch mit der Todesstrafe belegen können. Folglich ist das Urteil als rücksichtsvoll zu werten.

Das Gericht veranlasst hiermit die Überstellung des Gefangenen in eine Militärvollzugsanstalt. Und wünscht Herrn von Miran, dass er lernt, Befehle zu befolgen, auch wenn er solche aufgrund seiner Entlassung im Militär nicht mehr erhalten wird. Hiermit offenbare ich die Verhandlung für geschlossen.

Die Richter gehen von der Bühne.

Der Gefangene wird abgeführt. Seine Freundin steht auf und gibt ihm eine Ohrfeige.

DIE FREUNDIN Du Feigling. Mit so einem Dilettanten wie dir, der nicht mal ein Gewehr auf den Feind abfeuern kann, will ich nichts mehr zu tun haben – es ist aus mit uns.

Vierter Akt

Mittig ein Gefängniskorridor, beidseitig vergittert. Die zwei vordersten Zellen zum Publikum sind durch die Gitterstäbe einsehbar. Die vordere Zelle rechts beherbergt den Einberufenen. Die Zelle gegenüber jemand anderes. Nach hinten reihen sich weitere Zellen mit Insassen. In der Mitte steht der Wärter I, er hält einen Brief und blickt zum Auditorium.

DER WÄRTER I Gefangene! Achtung! Aufgrund der guten Beziehungen zu Ignes van Clens erhalten einige von ihr ein Fresspäckchen. *missbilligend* Meiner Meinung nach eine Frechheit, diese Einmischung einer Zivilistin. Ich bin angehalten, ihren Brief an euch vorzulesen, auch wenn mir der Inhalt widerstrebt.

Die Wärterin II fährt ein Tablett mit Schokolade herein mit der Aufschrift »Van-Clens-Schokolade «.

DER WÄRTER I Sind das alle?

DIE WÄRTERIN II Das sind alle?

DER WÄRTER I *steckt sich eine Tafel ein* Nun denn.

DIE WÄRTERIN II Soll ich sie verteilen?

DER WÄRTER I Zuerst den Brief.

DIE WÄRTERIN II Gefangene, hergehört!

DER WÄRTER I Der Brief von Ignes van Clens:

Ehrenwerte Insassen, ehrenwerte Menschen.

Ich richte diese Worte an alle von euch, auch wenn Einzelne von euch nicht ehrenwert handelten, so seid ihr doch Menschen und der Mensch ist ehrenwert.

Ich versprach einem Freund, eine Palette Schokolade aus meiner Fabrik an die Front zu senden, an welcher er kämpfen sollte. Aus unglücklichen Umständen sah ich mich jedoch gezwungen, sie in diese Anstalt zu entsenden. Ich lasse dich nicht im Stich, mein Freund! Und ich lasse den Menschen nicht im Stich. Es quält mich aufs Letzte, dich hier drin zu wissen. Und es drängte sich mir zwangsläufig der Gedanke auf, dass wenn ein Mensch wie du hier einsitzest, das nur aus zwei Gründen sein kann! Entweder hat man einen fürchterlichen Fehler gemacht oder unser Staat hat selbst einen Fehler. Um meine These zu prüfen, las ich mich durch die meisten von euren Akten, das ist gewiss nicht üblich und sicherlich den wenigsten möglich, aber das kümmerte mich nicht. Ich kam zu dem Schluss, dass einige von euch zu Recht hier sind, bei manchen sogar die Strafe recht milde ausfiel. Aber bei vielen von euch passierte ein Fehler, und weil sich dieser Fehler so häufig wiederholte, komme ich zu dem Schluss, dass unser Staat einen Fehler hat. Er ist klein und versteckt, von Politikern selten angesprochen, von den meisten Zeitungen totgeschwiegen, von den meisten Juristen hingenommen – gerechtfertigt durch dubiose ungeschmeidige Konstrukte. Soldaten, die davon berichten könnten, haben ihre Kraft, ihre Zuversicht und ihr

Vertrauen verloren oder sich gar das Leben genommen. Ich richte mich an alle von euch hier drin, die wissen, dass das, was sie taten, richtig war, auch wenn zum Teil gegen das geltende Gesetz verstossen wurde, aber Gesetze werden ständig geändert und angepasst. Ich versichere euch, die ihr mehr Menschlichkeit beweist als unser morbider Staat: Ich werde alles daransetzen, euch hier herauszuholen. Alle, die aufgelistet sind, erhalten eine Schokolade, aber diese Schokolade steht nicht nur für etwas Zwischenverpflegung. Sie steht dafür, dass das Unrecht, das euch angetan wurde, von mir anerkannt wurde und ist. Und ich werde euch helfen, wie ich nur kann, um dieses Unrecht wiedergutzumachen.

Ich tue das auch für Friedrich von Miran: weil er sich weigerte, auf einen Konvoi zu schiessen und an einem Angriff teilzunehmen, der das Leben eines Bauern und zweier Kinder kostete. Und weil er sich entfernte, um sich den Tötungsbefehlen unseres Staates zu entziehen.

Friedrich erhält von der Wärterin II eine Schokolade. Die Wärterin II verteilt den genannten Namen jeweils eine Tafel.

DER WÄRTER I Für Christoph Lenz: welcher sich weigerte, in den Bomber zu steigen und eine Riesenfläche von Regenwald zu zerstören samt allen Tieren, die darin leben, weil es für ihn nicht angemessen war.

Für Elsa Knigge: die einen gezielten Angriffsbefehl auf ein Gebäude gleich neben einer Schule nicht weiterleitete. Im Nachhinein stellte man fest, dass die vermuteten Feinde nicht einmal dort waren.

Für Tauris Klaue: der sich dem Befehl verweigerte, seinen Kameraden als Strafe mit gespaltenen Holzscheiten zu bewerfen. Als Tauris Klaue sich widersetzte, schlug ihm der Vorgesetzte mit der Faust ins Gesicht. Woraufhin er den Vorgesetzten parierte, bis dieser versprach, die Strafe an einem Mitglied des Zuges nicht vollziehen zu lassen.

DIE WÄRTERIN II Vladimir Wechenko: Sie erhalten nichts.

DER WÄRTER I Stefan Zweig: der sich als Helikopterpilot weigerte, die geräumte Infrastruktur zu vernichten, und sich widersetzte, all diesen Familien und Zivilisten ihre Heime zu nehmen und zu zerstören.

DIE WÄRTERIN II Thomas Freund: Sie erhalten nichts.

DER WÄRTER I Herb Loom: verliess die Einheit unerlaubt, weil er es nicht mit sich vereinbaren konnte, Menschen zu töten. Auf sein Ersuchen, den Dienst zu quittieren, wurde nicht eingegangen. Er wurde der Desertion schuldig gesprochen.

DIE WÄRTERIN II Liza Nito: Sie erhalten nichts.

DER WÄRTER I William Conwall: der nicht zurückkam aus dem Heimurlaub. Er ersuchte um Asyl im Nachbarstaat, welches abgelehnt wurde. Er wurde ausgeliefert. Bei seiner Verhandlung missachtete er aus Sicht des Richters das Gericht, indem er sich die Nase zuhielt, der Richter interpretierte in diese Geste, dass das Gericht stinkt oder die Richter, wobei William Conwall nach eigenen Angaben nur Druck in den Ohren verspürte. Druck in den Ohren ergibt in unserem Staat sechs Monate zusätzlich Gefängnis.

Isack Frick: der als Panzerschütze durch die vorher unter Beschuss genommenen Städtchen rollte und sehen musste, wie eigene Offiziere sich über den verkohlten Aschen erleichterten. Er ertrug die Grausamkeiten nicht mehr. Laut Gerichtsprotokoll sagte er: »Ich sah am Rand zwei lose Ballerinas tänzeln, hüpften da durch die Vibrationen unseres Panzers. Auf ihnen waren filigrane Blümchen, die umzingelt waren vom Dreck, den wir hier angerichtet hatten. Es erinnerte an eine Welt aus vergangener Zeit, die wir zerstört hatten.«
Er stieg aus dem Panzer und schlenderte zurück ins Lager, wo er sich zum Deserteur erklären liess. Er sagte: »Hauptsache, ich muss die Welt nicht weiter zerstören!«

Ich werde nicht mehr zu allen ihre Geschichte erzählen. Aber eure Namen nennen, damit die Wärter wissen, wer Schokolade bekommt und somit meine Unterstützung.

Friedrich Tanner
Leopold Glaser
David Brown
Louis Sanchez

Jamie Smith
Katie Johnson
Robert King
Henri Young
John Benett
Liam Ross

Die Wärterin II verschwindet um die Ecke.

DER WÄRTER I Oliver Flük
David Cohen
Geleg Ming
Ibrahim Balci
Perk Jenkins
Li Cheng
Cielo Rodriguez
Samu Goldbaum
Abdul Ozan
Jacob White
Quentin Gonzales
Fredy Sanders
James Watson
Oswald Murphy
Ivan Smirnov
Toby Foster
Lina Powell
Om Gönpo
Chi Wong
Samir Güktan

Henry Janssen
Alexander Green
Roman Ivanov
Andreas Bauer
Neno Nagy
Sophia Müller
Logan Davis
Stefano Rossi
Schachar Freidman
Lukas Clark
David Lee
Marlon Schneider
Benjamin Pedersen
Valentino Moretti
Phil Richard
Quentin Torres
Noah Edelmann
Sherab Nima
Larissa Wong
Paulis Gonzales
Tony Hill
Piet Baker
Noemi Scott
August Hermann
Ryan Du Bois
Allen Campbell
Anna Kelly
Martin Harris

Die Wärterin II kommt mit der Schokoladenpalette zurück zu dem Wärter I.

DIE WÄRTERIN II *rollt die Augen, spricht leise* Das war erst Trakt A.

DER WÄRTER I *liest im Brief weiter* Alle von euch haben etwas gemeinsam, ihr wolltet keine Menschen mehr töten und herabwürdigen, was der Grund ist, weswegen die Gerichte unseres Staates euch einsperrten, egal unter welche absurde Begründung sie dies stellten, Befehlsverweigerung, Fahnenflucht, Desertion und so weiter. Ihr solltet nicht so behandelt werden, nur weil ihr euch dem Menschen verbunden fühlt. Ich sagte, ich will mich einsetzen für euch, aber ich kann euch nicht versprechen, dass ich etwas zu ändern vermag. Dass ich es vermag, den Staat zu ermahnen, dass er nicht seine Bürger dazu zwingen darf, zu anderen Menschen so barbarisch zu sein. Das verletzt eure Würde und es verletzt meine, in einem Staat zu leben, der so verfährt. Zumal ich mir sicher bin, dass wenn unser Land direkt bedroht wäre, genügend Bürger unser Land verteidigen würden. Aber in euren Fällen war der Krieg nicht der letzte Ausweg und er war von Anfang an aussichtslos. Könnte ich euch einen Orden verleihen, dann würde ich euch einen überreichen für eure Menschlichkeit und dass ihr diese gewahrt habt trotz der Strafe, die ihr hier absitzt. Ihr verbüsst sie nicht, eure Strafe, sondern wir, das Volk, das euch Menschenfreunde nicht tagtäglich unter sich weiss.

Sollte jemand von euch aus einem Verschulden meiner-
seits oder dem eines Wärters kein Zeichen der Unterstützung erhalten haben, dürft ihr dies bei mir unter
folgender Adresse beanstanden: Friedensweg 1 in 2453
Frieden, das Land ist unseres!

Vorhang schliesst.

Fünfter Akt

Rechts reihen sich vier Klinikzimmer, abgetrennt mit einer Stellwand, zum Publikum mit einem Vorhang, die Privatsphäre wahrend. Gefolgt von einem fünften Zimmer der Psychiaterin mit einem Schreibtisch, Bücherregal, einem Bild mit Blumen, einigen Sesseln und einem Sofa.

DIE PSYCHIATERIN Frau van Clens, es freut mich, Sie in den bescheidenen Räumlichkeiten unserer Klinik begrüssen zu dürfen. Als Sie sich an mich wendeten, um mehr über die Soldatinnen und Soldaten zu erfahren, die im Krieg dienten und bei uns behandelt werden, war ich etwas überrascht. Es ist nicht üblich, dass sich jemand ein so genaues Bild machen will, wenn er oder sie nicht selbst betroffen ist.

DIE FABRIKANTIN Ich bin Ihnen dankbar für diese Gelegenheit. Wie haben Sie zu dieser Profession gefunden?

DIE PSYCHIATERIN Nach dem Gymnasium studierte ich Medizin, mich interessierte schon immer, wie der Mensch beschaffen ist. Ich meine das, was den Menschen menschlich macht. Also hängte ich noch einige Jahre Ausbildung an, um jetzt als Psychiaterin tätig zu sein in unserer Klinik für Kriegsveteranen mit Kriegstrauma und anderen psychischen Dissonanzen.

DIE FABRIKANTIN Wie viele Patienten behandelten Sie selbst schon?

DIE PSYCHIATERIN Viele, zu viele, wenn Sie mich fragen!

DIE FABRIKANTIN Wie meinen Sie das?

DIE PSYCHIATERIN Nun ja, wir sind spezialisiert auf unsere Soldatinnen und Soldaten. Alle, die hier Heilung suchen, erfuhren ihre psychischen Verletzungen in Kriegsgebieten oder durch das Militär.

DIE FABRIKANTIN In Kriegsgebieten oder durch das Militär, wie ist das zu verstehen?

DIE PSYCHIATERIN Heutzutage entstehen Kriegsgebiete auch aus Mandaten, die Absichten sind friedlich, aber manche dieser Mandate enden in Grässlichkeit, die ich hier dann ausgeführt bekomme. Und es sind nicht immer nur die Kriegsgebiete, die zu Problemen führen, manche entstanden einfach nur durch das Ausgesetztsein in den militärischen Strukturen. Viele verdrängen einfach all das Falsche – andere können das nicht.

DIE FABRIKANTIN Sie sicherten mir zu, dass ich mit einigen Ihrer Patienten sprechen könnte, wenn diese dem zustimmen.

DIE PSYCHIATERIN Das ist korrekt, ich habe einige diesbezüglich angefragt. Wenn Ihnen das nicht reicht, können Sie sicherlich an einem anderen Tag nochmals kommen.

DIE FABRIKANTIN Muss ich etwas beachten?

DIE PSYCHIATERIN *steht auf* Verhalten Sie sich ganz natürlich. Ich werde Ihnen jeweils vorher einige Hinweise geben, wenn erforderlich.

Die Psychiaterin verlässt das Zimmer, die Fabrikantin folgt ihr auf den Flur.

DIE PSYCHIATERIN Als Erstes besuchen wir Herrn Roland Bach. Ich muss Sie bitten, ihn nur mit Roland anzusprechen und auf keinen Fall mit Herrn Bach oder Bach. Er wurde in seinem Dienst von seinen Befehlshabenden immer mit seinem Rang und Bach oder nur mit Bach angesprochen, er verknüpft das damit und bricht dann immer in Tränen aus. Er braucht dann jeweils einen kurzen Moment, bis er sich wieder beruhigt hat. In seinem Familiennamen empfindet er eine Verletzung seiner Independenz. Da sein Name Bach im Dienst immer nur im Zusammenhang mit Befehlen verwendet wurde, welche er verachtete, und diese so seine Autonomie verletzten.

DIE FABRIKANTIN Verstehe, nur Roland. Und kann ich Roland Fragen stellen oder ist das problematisch?

DIE PSYCHIATERIN Wir konnten schon viel aufarbeiten, es sollte also kein Problem sein. Und ansonsten bin ich ja hier.

Die Psychiaterin steht mit der Fabrikantin vor dem Zimmer von Roland und klopft auf den Pfeiler.

DIE PSYCHIATERIN Roland, ich bin hier mit dem Besuch, von dem ich dir erzählte – Frau van Clens.

ROLAND Kommen Sie rein. Kommen Sie rein.

Die Psychiaterin zieht den Vorhang zum Zimmer ganz auf. Sie und die Fabrikantin betreten sein Zimmer. Roland sitzt regungslos am Schreibtisch, die Wand betrachtend.

DIE PSYCHIATERIN Wenn es gerade nicht passt, können wir auch später nochmals kommen.

DIE FABRIKANTIN Das wäre absolut kein Problem.

ROLAND *dreht sich hastig um, präsentiert ein kurzes Lachen, dann folgt ein monotoner Gesichtsausdruck* Die Schokoladenfrau.

DIE FABRIKANTIN Darf ich …

ROLAND *zeigt mit der Handfläche auf die Bettkante* Bitte.

DIE FABRIKANTIN *setzt sich auf die Bettkante* Sie waren gerade beschäftigt am Schreibtisch. Ich hoffe, wir haben Sie nicht bei etwas unterbrochen.

ROLAND Das ist ein Blatt, auf dem ich festhalte, wie es mir geht. Ich schreibe jeweils am Morgen, Mittag und Abend mein Gefühl auf oder wenn es sich stark ändert. Ich halte so meine Stimmung fest.

DIE FABRIKANTIN *erwartungsvoll* Ihre Gefühle ändern sich also ständig?

ROLAND *nimmt das Blatt* Leider ja. Sie möchten ja mehr über meine Situation und mich wissen. Ich lese Ihnen von meinen Zuständen der letzten Tage vor, wenn Sie möchten.

DIE PSYCHIATERIN Das ist eine gute Idee, Roland.

ROLAND Montag: zufrieden, freudlos, frustriert

Dienstag: verzweifelt, angewidert, schamerfüllt

Mittwoch: verunsichert, ängstlich, Selbstmordgedanken, erleichtert

Donnerstag: unwürdig, schuldig, deprimiert

Freitag: zuversichtlich, mehr habe ich heute bislang nicht aufgeschrieben.

DIE FABRIKANTIN Haben Sie häufig Selbstmordgedanken?

ROLAND Kommt darauf an, seit ich hier bin, weniger.

DIE FABRIKANTIN Und in den letzten Wochen?

ROLAND Diese Woche war eine gute Woche. Aber als ich hier ankam, hatte ich diese Gedanken fast jeden Tag.

DIE PSYCHIATERIN Roland, du kannst auch gerne von vor deinem Einsatz erzählen.

ROLAND Ich war glücklich. Ich hatte alles, was ich wollte, auch wenn mir das erst nach dem Krieg klar wurde. Ich dachte nicht einmal daran, mich umzubringen.

DIE FABRIKANTIN Können Sie darüber sprechen, was dort vorgefallen ist?

ROLAND Ich wollte das nie! Ich wollte nie Menschen töten. Ich wurde einberufen, musste meine Pflicht erfüllen – Menschen töten, weil es der Staat verlangt. Ich glaube, ich begriff das erst richtig, als ich dort ankam und sie die Särge mit unserer Fahne zierten. Da wurde mir klar, dass ich vielleicht so wie die dort krepiere – unsere Bürger.

DIE FABRIKANTIN Und wie ging es nach Ihrer Ankunft weiter?

ROLAND Einige Tage später war ich dabei, mit unserem Trupp einige Zivilhäuser zu stürmen. Ich war einer der wenigen Greenhorns in unserm Trupp, die anderen machten das Geschäft schon länger. Das war ein Vorteil, so war es sicherer, aber sie gingen auch verdammt brutal vor, wie Tötungsmaschinen – vermutlich der Grund, dass sie noch leben.

DIE FABRIKANTIN Wie gingen wir dort denn vor?

ROLAND Wir waren in einem Kriegsgebiet, da lauert der Feind überall. Bei Feindverdacht rammten wir die Tür auf und stürmten die Hütte. Wenn erhärteter Verdacht bestand, warf jemand von uns eine Handgranate rein, das ist sicherer. Dann wurde auf alles geschossen, was sich noch bewegte. Wenn ich Ihnen jetzt sagen würde, dass es nur die Feinde traf und wir so nie Zivilisten verletzten, wäre das die grösste Lüge.

DIE FABRIKANTIN Wer bestimmte, dass das so ablaufen sollte?

ROLAND Nun ja, das war einfach so. Man wollte selbst einfach am Leben bleiben. Kollateralschäden nahm man wie selbstverständlich hin. Das Problem ist, wenn man so einen Kollateralschaden verursacht, muss man damit leben!

DIE FABRIKANTIN Und Sie haben einen solchen verursacht?

ROLAND Wen meinen Sie mit »Sie«? Unser Land, unser Militär, unsere Bürger, die Regierung oder mich?

DIE FABRIKANTIN Ich meinte Sie, Roland. Ob Sie einen Kollateralschaden verursacht haben?

ROLAND Was heisst da einen, es waren viele. Und ich war nicht der Einzige. Aber unsere Befehle schliessen diese ein. Das Militär funktioniert, weil Befehle ausgeführt und nicht, weil sie hinterfragt werden.

DIE FABRIKANTIN Sie haben die Befehle hinterfragt?

ROLAND Ich wünschte, ich hätte dazu den Mut gehabt. Dann wäre ich noch immer glücklich.

Roland fängt an zu zittern.

DIE FABRIKANTIN *fürsorglich* Kann ich etwas für Sie tun, Roland?

DIE PSYCHIATERIN Das geht wieder vorbei, das dauert normalerweise nur kurz an.

Roland hört auf zu zittern.

DIE FABRIKANTIN Ich habe mir Sorgen um Sie gemacht, Roland.

ROLAND Alles gut – es ist nicht einfach für mich, mit all diesen Erinnerungen.

DIE FABRIKANTIN Möchten Sie mir noch mehr davon erzählen?

ROLAND Wir stürmten ein Haus, in welches einer unserer Feinde mit einem Gewehr gelaufen war. Ich warf die Granate, sobald die Tür offen war. Als es einmal laut knallte, stürmten wir das Drecksloch. Am Boden lagen etwas entfernt zwei Jungen, kaum über vier, und drei Mädchen, nicht älter als sieben oder acht, eine Frau und dieser Scheisskerl mit seiner Waffe. Ihre Körper waren zerfetzt, der Kleinen fehlte ein Arm, überall war Blut und Fleisch zu sehen.

DIE PSYCHIATERIN Du musst das nicht alles erzählen, wenn du nicht möchtest, Roland.

ROLAND Ich muss! Wissen Sie, was dann geschah – nichts! Ich dachte ständig, die ziehen mich ein oder nehmen mich fest, doch wie ich schon sagte – Kollateralschäden. Ich schluckte alles runter, hatte ständig Angst, niedergeschossen zu werden, in jedem Einsatz. Einmal sassen wir in einem Hinterhalt und konnten nicht weg, wir wurden für Stunden beschossen und unsere Munition wurde knapp.

Irgendwann rollte ein Panzer von uns heran und fuhr das Haus von ihnen über den Haufen, aus dem sie uns beschossen. Sie müssen bedenken, wir waren in einer Situation, in der wir froh waren, dass diese Körper unter dem Gewicht des Panzers zermatscht wurden – wir waren erleichtert.

Als unser Panzer über die zerdrückten Körper fuhr, wurde mir bewusst, worüber ich mich freute und wie kalt und leer ich schon sein musste. Ich funktionierte nur noch. Sonst hätte ich das alles nie ausführen können. Nach mehreren Monaten war mein Einsatz vorbei.

DIE FABRIKANTIN Welchen Schaden hat unser Land dort verursacht?

ROLAND Zehntausende zivile Opfer, aber es gibt sogar noch höhere Zahlen. Und die, die vom feindlichen Militär getötet wurden, waren im Grunde auch nur Zivilisten, die als arme Teufel in die Uniform gezwungen wurden von ihrem Staat und dann plötzlich alle ihr Recht auf Leben verwirkt hatten. Weil die Staaten ihre Militärs anpinseln und sagen, hier, die könnt ihr über den Haufen schiessen, aber unsere Zivilisten nicht, welchen sie diese Soldaten gerade dir nichts, mir nichts entwendet haben. Zivilisten aber waren die meisten von denen vorher und die meisten von denen wären Zivilisten geblieben, wenn sie eine Wahl gehabt hätten. Bedeutet: Am Ende sterben in einem Krieg eigentlich nur Zivilisten.

DIE FABRIKANTIN Hätten Sie denn etwas anders machen können?

ROLAND Schon möglich. Ich bin nicht gut darin, mich anzulügen. Dort verdrängte ich alles, aber mein Zustand zeigt mir, dass man mich in die Hölle tunkte und sich einbildete, man würde mich wieder herausziehen und ich wäre noch derselbe.

Ich habe jede Woche Panikattacken, Gefühle von Leere, an anderen Tagen liege ich nur im Bett, ich bin nicht fähig, irgendetwas zu unternehmen. Die ersten zwei Wochen, als ich zurück in meiner Wohnung war, konnte ich nicht mehr nach draussen. Es ging einfach nicht.

Ich glaube, dass es viele gibt, die nach dem Krieg noch den viel grösseren Kampf austragen. Nur taucht das kaum noch in einer Statistik auf. Allein aus meiner Zeit aus dem Krieg musste ich sechs Freunde auf dem Friedhof verabschieden, weil sie nach ihrem Einsatz starben. Die kamen zurück in die Heimat, lebendig, und wählten den Freitod. Der Krieg, den man diesen Seelen aufdrängte, endete nicht mehr. In ihnen lebte der Krieg weiter.

Unser Staat glaubt, er hat das Recht dazu, das all den Menschen anzutun, aber wir sind es, die den Staat vertreten, und was wird getan?

Es funktioniert nicht für alle, sich selbst und vor allem anderen gegenüber einzugestehen, dass mit einem etwas nicht mehr stimmt. Andere Länder bieten kaum Unterstützung für das, was sie in ihren Bürgern anrichten.

Mein Nachbar nebenan kann Ihnen sicher noch mehr erzählen. Ich bin schon müde und möchte mich hinlegen.

Roland legt sich hin.

DIE FABRIKANTIN *hält die Hand von Roland* Machen Sie es
gut, Roland, Ihre Geschichte bewegt mich und ich
möchte mich für Ihre Offenheit bedanken.

ROLAND Sie sind eine gute Frau. Was Sie tun, ist richtig.
Ruft man Frieden, hat man Feinde. Ruft jemand Krieg,
hat man Menschen, die rufen Frieden, den Feind hatten sie schon.

DIE PSYCHIATERIN Auf Wiedersehen, Roland.

*Die Psychiaterin und die Fabrikantin verlassen das Zimmer.
Die beiden ziehen den Vorhang zu, gehen zu einem Patien-
tenzimmer eins weiter und klopfen an.*

HERR KNECHT *bedrückt* Herein.

DIE PSYCHIATERIN Ich habe Besuch für Sie, Herr Knecht.

HERR KNECHT Kommen Sie rein.

*Die Psychiaterin zieht den Vorhang zum Zimmer von Herrn
Knecht auf. Die Fabrikantin und die Psychiaterin betreten
sein Refugium.*

*Herr Knecht sitzt aufrecht im Bett, isst ein Croissant, streicht
Konfitüre auf das Ende. Daneben steht ein Glas Orangensaft.*

DIE PSYCHIATERIN Sie haben Hunger, Herr Knecht?

HERR KNECHT Ja, gestern ging es mir nicht gut, ich bekam
nur eine Suppe runter. Heute ist wieder besser.

DIE FABRIKANTIN Ich bin Frau van Clens.

HERR KNECHT Man hat mich informiert, dass Sie heute kommen.

DIE FABRIKANTIN Wie geht es Ihnen?

HERR KNECHT Besser.

DIE FABRIKANTIN Vorher war das nicht der Fall?

HERR KNECHT Nein.

DIE PSYCHIATERIN Sie dürfen ruhig mehr erzählen.

DIE FABRIKANTIN Ich bitte darum.

HERR KNECHT Jawohl.

DIE FABRIKANTIN Wie ist Ihr Befinden, wie fühlen Sie sich jetzt?

HERR KNECHT Verzeihen Sie mir, ich antworte normalerweise nicht so ausschweifend. Ich bin noch immer gewohnt, kurz und präzise zu respondieren. Aber ich werde es für Sie versuchen.

Es geht mir schon wieder viel besser, seit ich hier Unterstützung bekomme. Aber als ich aus dem Krieg zurückkam, war ich ein Monster. Ich hatte alles vergessen, was ich in den Jahrzehnten an gesellschaftlichen Verhaltensweisen gelernt hatte. Ich war nicht mehr derselbe, rastete bei allem aus. Als der Fernseher nicht anging, riss ich ihn aus und warf ihn in unsere Einfahrt. Das Teil zersprang, konnte seinen Zweck nicht mehr erfüllen, so wie ich nicht mehr als Teil der Gesellschaft funktionierte. Das Militär und der Krieg haben mich ausgegliedert.

Als ich mit meiner Frau und den Kindern, unser Jüngster ist neun, die Älteste zwölf, einkaufen ging und wir

an der Kasse standen, mussten wir hinter zwei wei-
teren Kunden anstehen. Und diese Frau, die an der
Kasse einen Schwatz hielt und alles so langsam machte,
ich wollte ihr am liebsten die Scheisse aus dem Leib
prügeln. Ich rastete aus, schrie alle an, packte meine
Frau, nahm die Taschen und lief zum Ausgang. Wollte
einfach die Ware mitnehmen, ohne zu bezahlen. Ich
merkte nicht, dass man das hier nicht so macht – ich
habe alles vergessen, wie es hier läuft. Meine Frau
konnte mich beruhigen und mir die Taschen abnehmen und an der Kasse bezahlen. Meine Kinder sahen
mich nur komplett verängstigt an. Ich sah, dass sie
mich nicht mehr wiedererkannten – mich, ihren Vater!
Auf der Strasse raste ich durch die staubigen und ver-
dreckten Gassen. Ich fuhr einfach ohne Rücksicht nach
dem Motto: »Alles, was sich in den Weg stellt, wird
überfahren.« Meine Frau musste das Fahren überneh-
men. Sie fragte mich, was sie mir dort drüben bloss
angetan haben. Ich erzählte ihr nie etwas von dort.

DIE PSYCHIATERIN Jetzt können Sie das?

HERR KNECHT Ja, aber noch nicht alles.

DIE FABRIKANTIN Wie geht es den anderen aus Ihrer Einheit?

HERR KNECHT Andere haben mehr Glück als ich, die können
mit dem Erlebten und den eigenen Handlungen anders
umgehen, die stecken das sogar recht gut weg. Ich bin
kein Normalfall, jeder Fall ist anders. Dennoch gibt
es viele, die ähnliche oder noch schlimmere Probleme
bekommen haben. Einige fingen an zu saufen, nehmen
Drogen oder missbrauchen Medikamente. Bei anderen

ging die Beziehung in die Brüche. Ich bin froh, dass meine Frau zu mir hält, obwohl ich mich wie das Letzte aufführte.

DIE FABRIKANTIN Und Ihre Einsätze?

HERR KNECHT Ich habe das Glück, keine Zivilisten erwischt zu haben. Ich habe viele Feinde im Nahkampf erledigt. Manche von denen hatten so stark Mundgeruch, dass immer wenn die Bilder wieder auftauchen, mir der Geruch abermals hochkommt – ich sehe, wie sie vor mir niedersacken. Manche habe ich mit meiner Pistole niedergeschossen. Andere spiesste ich mit meinem Dolch auf, rannte mit ihnen gegen die Wand und stach immer wieder zu – immer wieder. Wir mussten ständig bereit sein, alles zu töten, einmal nicht aufmerksam, und das war es.

DIE FABRIKANTIN Und diese ständige Bereitschaft konnten Sie in der Heimat wieder ablegen?

HERR KNECHT Nein, ich hatte ständig ein Messer auf mir, jede Person war ein potenzieller Feind. Einmal hat so ein Jungspund, als er mich passierte, seine Zigarette mit einem Metallfeuerzeug angezündet. Als ich das Klicken hörte, wollte ich ihn aus Reflex gleich abstechen. Von Ablegen kann nicht die Rede sein. Ich konnte mich kaum noch entspannen, ich war rastlos. Und wenn nicht äusserlich, dann innerlich.

DIE FABRIKANTIN Was bereitet Ihnen auch noch Schwierigkeiten?

HERR KNECHT Mein Menschenbild. Vor meinen Einsätzen war mein Menschenbild positiv, es war nicht so, dass ich nicht wusste, dass es auch Mörder gibt oder Menschen, die andere verachten oder fertigmachen und so weiter. Aber das waren wenige Menschen – Ausnahmen. Wenn man jedoch diese Menschen nimmt, die nicht zu diesen Ausnahmen zählen, die normalen friedfertigen Bürger, ihnen ein Gewehr, ein Messer und einen Befehl gibt und dann sieht, was die anrichten können. Wenn man sieht, was sich Menschen antun können, dann glaubt man nicht mehr, dass der Mensch gut ist. Ich kann in der Humanität keinen Trost mehr finden, keinen Halt, keine Geborgenheit, das konnte ich vorher alles noch.

DIE FABRIKANTIN Und waren Sie überzeugt vom Krieg?

HERR KNECHT Ja, ich war mir sicher, dass das, was wir getan haben, richtig war. Ich bin mir auch jetzt noch sicher, dass meine Taten richtig waren. Irgendjemand muss für unsere Sicherheit einstehen. Kritische Stimmen kann ich heute besser verstehen und ich sehe, dass vieles nicht perfekt lief. Im Einsatz selbst gibt es diese oppositionelle Stimme aber nicht.

DIE FABRIKANTIN Und wieso gibt es Ihrer Meinung nach so wenige, die sich gegen einzelne Befehle stellen?

HERR KNECHT Wir wurden nicht wirklich über unsere Rechte informiert. Aber was die Strafen auf Befehlsverweigerung etc. betrifft: Da trichtern sie einem ein, was einem blüht. Man schlachtet ja nur den Feind ab – die anderen.

DIE PSYCHIATERIN Vielen Dank, Herr Knecht.

DIE FABRIKANTIN Besten Dank, auf Wiedersehen, Herr Knecht.

HERR KNECHT *zur Psychiaterin* Hätten Sie noch etwas Butter?
DIE PSYCHIATERIN Ich werde sehen, was sich tun lässt, Herr Knecht.

Die Psychiaterin und die Fabrikantin verlassen das Zimmer und ziehen den Vorhang zu Herrn Knecht zu.

DIE PSYCHIATERIN Ich sollte Sie öfter mitnehmen zur Visite, Frau van Clens, bei Ihnen erzählen sie viel, einiges habe ich zum ersten Mal so gehört, das hilft mir zur Behandlung sehr.
DIE FABRIKANTIN Freut mich, wenn ich eine Hilfe bin.
DIE PSYCHIATERIN Der Nächste ist Frank Miller. Er war in mehreren Kriegseinsätzen, und das über viele Jahre. Anzumerken ist, dass er in der Kindheit mit sehr gewalttätigen Menschen zu tun hatte, die ihm sehr nahestanden, was die Symptomatik verstärkte.

Die Fabrikantin und die Psychiaterin stehen vor dem Zimmer von Herrn Miller.

DIE PSYCHIATERIN Herr Miller, dürfen wir eintreten?
HERR MILLER Nur zu.

Die Fabrikantin und die Psychiaterin betreten sein Zimmer.

DIE PSYCHIATERIN Das ist Frau van Clens, wir haben letztens von ihr gesprochen.
HERR MILLER Ich erinnere mich.

DIE FABRIKANTIN Guten Tag, Herr Miller, nett von Ihnen, dass Sie sich die Zeit nehmen.

HERR MILLER Guten Tag, Frau van Clens.

DIE FABRIKANTIN Wie geht es Ihnen?

HERR MILLER Gerade geht es gut. Seit man bei mir eine posttraumatische Belastungsstörung festgestellt hat, bekomme ich die Hilfe, die ich so dringend brauche. Das alles entstand bei mir, weil ich im Krieg war. Die Probleme zeigten sich bei mir erst Jahre später, oder ich wollte mir einfach nicht eingestehen, dass etwas nicht mehr so war wie vor meinen Einsätzen. Ich schämte mich zuerst, ich konnte mit niemandem über meine Probleme sprechen. Die Hemmschwelle war für mich immens.

In der Ausbildung lernte ich, nie Schwäche zu zeigen, sich durchzubeissen. Es war einfach nicht möglich für mich, etwas zu sagen, zu niemandem. Viele meiner Kollegen bekamen ähnliche Probleme, doch nur wenige suchten Hilfe.

DIE FABRIKANTIN Wie zeigte sich das bei Ihnen?

HERR MILLER Ich war an allem teilnahmslos, es gab nichts mehr, das mir wirklich Freude bereitete, ich konnte nicht mehr durch den Wald spazieren und mich an der Schönheit der Natur erfreuen.

Menschen um mich herum erzählten Witze, doch ich lachte nicht mehr, bewegte im besten Fall meinen Mund mit. Zuerst versuchte ich, das alles zu vertuschen, aber das machte es nur noch schwerer.

Ich hatte immer wieder Albträume, jene, bei denen man

den halben Tag noch mitgenommen ist. Auch einzuschlafen fiel mir immer schwerer, weil ich wusste, dass dann wieder diese Albträume kommen. Gleichzeitig hatte ich immer wieder Szenen im Kopf von dem, was wir taten und wie wir uns gegenseitig ausmerzten.

Wenn ich ein Buch lesen wollte, konnte ich kaum zwei Seiten lesen, es ging nicht mehr, ich konnte mich auf nichts länger konzentrieren. Meine Frau ist das Einzige, das mir Kraft gab.

DIE PSYCHIATERIN Ihre Frau wollte am Samstag zu Besuch kommen, nicht wahr?

HERR MILLER Sie unterstützt mich, in guten wie in schlechten Zeiten.

Als ich zurückkam, waren unsere Zeiten nur noch schlecht.

Ich bin froh, dass sie diesen Weg mit mir geht.

Und dass hier auch die Angehörigen und die Familie unterstützt werden, denn oft werden die Probleme, die die Familien durch Menschen wie mich erleiden, nicht ernst genommen, geschweige denn behandelt. So als ob es für die Familie nicht verstörend ist, sie keine Ängste und Unsicherheiten hätten. Als Kind hatte ich einen gewalttätigen Elternteil, den Ärzten und Psychiatern kam kein einziges Mal der Gedanke, wie stark ich litt. Bildung ist definitiv kein Ausweis für Brillanz.

DIE PSYCHIATERIN Sie können Frau van Clens natürlich auch von dort erzählen.

HERR MILLER Meinen Einsätzen?

DIE PSYCHIATERIN Ja.

HERR MILLER Normalerweise fällt es mir schwer, darüber zu sprechen.

DIE FABRIKANTIN Nur wenn Sie möchten.

HERR MILLER Ich kann nicht, es tut mir leid.

DIE PSYCHIATERIN Wir werden Sie sonst nicht weiter stören.

DIE FABRIKANTIN Machen Sie es gut, Herr Miller, es hat mich gefreut. *Die Fabrikantin wendet sich ab.*

HERR MILLER *zögerlich* Warten Sie.

HERR MILLER *steht auf und greift ein Notizbuch aus einer Schublade. Reicht es der Fabrikantin.* Sie dürfen es gerne lesen. Sie dürfen es auch meiner Ärztin vorlesen, wenn Sie Fragen dazu haben.

Die Fabrikantin nickt und verlässt mit dem Buch sein Zimmer. Sie begeben sich zurück in das Büro der Psychiaterin. Die Psychiaterin nimmt ihren Schreibtisch in Beschlag.

DIE PSYCHIATERIN Wenn Sie mögen, können Sie gerne noch etwas hierbleiben.

DIE FABRIKANTIN Sehr gern.

DIE PSYCHIATERIN Sie können sich etwas darauf einbilden, dass er Ihnen dieses Buch gegeben hat.

DIE FABRIKANTIN Wie meinen Sie das?

DIE PSYCHIATERIN Er spricht mit niemandem über genaue Vorgänge von seinen Einsätzen. Ich gab ihm dieses Büchlein, um Details seiner Einsätze aufzuschreiben. Er nahm es nur an unter der Bedingung, dass es niemand ausser ihm liest.

DIE FABRIKANTIN *setzt sich, schlägt das Büchlein auf und liest vor* Wir betätigen unsere Geschütze, es donnert – haben uns zu Göttern erhoben. Ein Gebäude wird gefressen von einer weissen Staubwolke, die sich von innen heraus dunkel verfärbt, Mauerteile schiessen wie Feuerwerk durch die Gegend. Überall liegen Trümmer, die wahren Trümmer sind nicht die Steinblöcke, sondern die Flüchtlinge, ohne Arbeit, ohne Job, ohne Zuhause, ohne Perspektive.

DIE PSYCHIATERIN Ich habe heute noch einen Besuch von einem Freund. Er gehört zur Führungsetage des Militärs. In seiner bisherigen Laufbahn hatte er viele Frauen und Männer unter sich, ich könnte euch bekannt machen.

DIE FABRIKANTIN Ich bitte darum. *Sie liest weiter vor.*

Nacht. Schon seit Stunden jagen wir diese leuchtenden Streifen durch die Luft. Unaufhörlich finden sie etwas, das sie zerstören, gelegentlich das Aufblitzen von Feuerschwaden. Ständig erzittert der Boden, wir sind kurz unter Beschuss. Neben uns, auch wenn genug weit weg, schlagen Geschosse ein. Unaufhörlich füttern wir unsere Geschütze, unaufhörlich werden wir beschossen.

DIE PSYCHIATERIN *setzt sich auf den Sessel näher zur Fabrikantin* Lesen Sie weiter.

DIE FABRIKANTIN Neuer Eintrag: Vor mir ein Jugendlicher, vielleicht in einem Alter, in dem man bei uns gerade dabei ist, sich einen Job zu suchen oder sich an der Universität zu immatrikulieren, liegt da unbewaffnet, ist am Ausbluten. Der Feind, die Zivilisten, halten uns für unmenschlich, so wie sie einen ansehen bei dem, was sie erblicken müssen. Wofür halte ich mich? Ich sehe die Wahrheit in deren Augen – wir Unmenschen! Kranke Gebilde diese Menschen, in sturer Blindheit vernarrt der Befehlskette folgend.

Es klopft an.

DIE PSYCHIATERIN *begibt sich zur Ecke* Das ist bestimmt mein Kollege Karl Büchser, der Offizier, den ich erwähnt habe.

KARL BÜCHSER Hallo, Katrin, komme ich ungelegen?

DIE PSYCHIATERIN Ganz im Gegenteil, Karl. Das ist Frau van Clens, sie interessiert sich für gewisse Aspekte des Krieges, auch was die psychischen Folgen für manche bedeuten können.

Die Fabrikantin steht auf, um Karl Büchser zu begrüssen.

KARL BÜCHSER Freut mich. Meine Frau gönnt sich von Zeit zu Zeit Van-Clens-Schokolade, Sie sind nicht verwandt mit denen?

DIE FABRIKANTIN Doch, in der Tat.

KARL BÜCHSER Dann waren Sie das im Gefängnis, Sie haben da etwas losgetreten, was jetzt für einigen Wirbel sorgt. Aber eine Kollegin von Katrin ist auch eine Kollegin von mir. Wie kann ich Ihnen helfen?

DIE PSYCHIATERIN Bitte setzt euch doch! Soll ich etwas zum Trinken holen lassen?

Karl und die Fabrikantin setzen sich.

KARL BÜCHSER Nein danke.

DIE FABRIKANTIN Sehr aufmerksam, für den Moment bin ich versorgt.

Die Psychiaterin setzt sich zu ihnen.

DIE FABRIKANTIN Sie haben doch nichts gegen einige Fragen?

KARL BÜCHSER In Ihrem Fall nicht, doch wir Militärs halten normalerweise nicht viel von der Presse und Interviews, aber ich kann Ihnen sicher weiterhelfen.

DIE FABRIKANTIN Wie definieren Sie Ihre Aufgabe im Krieg?

KARL BÜCHSER Wenn wir Krieg führen, versuchen wir normalerweise möglichst viele Opfer zu vermeiden.

DIE FABRIKANTIN Normalerweise? Wie ist das zu verstehen?

KARL BÜCHSER Nun ja, wir versuchen, immer dafür zu sorgen, dass die Opferzahl minimal bleibt.

DIE FABRIKANTIN Sie versuchen das? Aber es funktioniert leider nicht immer.

KARL BÜCHSER Verstehen Sie doch. Alle in unserem Land wollen Sicherheit und Frieden. Aber das setzt eine funktionierende Armee voraus. Es setzt voraus, dass unsere Bürgerinnen und Bürger in den Krieg ziehen, wenn nötig – für den Frieden.

DIE FABRIKANTIN Ich glaube, ich muss da etwas klarstellen. Wenn jemand in unser Land einmarschiert, mit Waffen, unsere Kinder, Frauen und Männer niedermetzelt, unsere Häuser bombardiert, unser Volk bedroht, uns um unseren Wohlstand und unseren Frieden bringt, bin ich die Erste, die zur Waffe greifen würde und uns verteidigt, mit allem, was ich habe. Ich würde diese Kräfte, die unser Land besetzen, mit allem zurückdrängen, das ich aufbringen kann.

KARL BÜCHSER *positiv überrascht* Dann habe ich Sie ja falsch eingeschätzt.

DIE FABRIKANTIN Ich glaube nicht, dass Sie mich falsch eingeschätzt haben.

KARL BÜCHSER Wie das?

DIE FABRIKANTIN Was glauben Sie, denken diese Menschen dort, wo wir einmarschiert sind und Männer, Frauen und Kinder über den Haufen geschossen haben? Die sind entflammter Wut wegen ihrer Verluste. Ich glaube nicht, dass diese Formulierung es ganz trifft, aber die greifen gleich schnell zu den Waffen, wie ich oder Sie es auch täten, wenn wir in unserem Land angegriffen werden.

KARL BÜCHSER Ihre Ideen funktionieren vielleicht bei Menschen, die nicht kämpfen wollen, aber es gibt genügend Menschen, bei denen stimmt etwas nicht – die morden. Wir aber sorgen für Frieden. Wir kümmern uns um unsere Männer und Frauen im Dienst, sorgen uns um sie und sehen zu, dass wir alle unbeschadet und heil nach Hause bekommen.

Aus Zimmer vier kommt der Patient IV, ängstlich und verstört.

DER PATIENT IV *brüllt* Sie kommen! Sie wollen uns alle töten, die Geschosse brechen durch das Dach!

DIE PSYCHIATERIN Entschuldigt mich, das ist sicher Steven. Der gerade von einem Albtraum erwacht ist und sich noch in desolatem Zustand befindet. *Geht schnell aus dem Zimmer zu Patient IV.*

Die Psychiaterin nähert sich dem Patienten, dieser hat einen Verband um den Kopf gewickelt, vorsichtig legt sie ihren Arm um ihn.

DIE PSYCHIATERIN Alles ist gut, Steven. Wir haben Frieden. Heute schlagen keine Bomben durch das Dach ein, es kommen keine Feinde. Sie hatten bestimmt einen Albtraum.

DER PATIENT IV *ist etwas erleichtert, kniet sich hin, hält sich die Hände vor das Gesicht, schluchzend wippt er mit dem Oberkörper hin und her, ruft laut* Was haben wir getan? Abgeschlachtet haben wir sie! Ich habe sie abgeschlachtet, alle getötet! Getötet habe ich sie – alle getötet.

DIE PSYCHIATERIN Kommen Sie, stehen Sie auf, ich bringe Sie in Ihr Zimmer, dann können Sie sich etwas hinlegen.

DER PATIENT IV Nein, nein, nicht in mein Zimmer, ich will mich nicht hinlegen. Wenn ich einschlafe, tötet mich der Feind. Ich muss wach bleiben, sonst kommen diese Bilder wieder. Ich halte das nicht aus. *verzweifelt* Helfen Sie mir!

DIE PSYCHIATERIN Gehen wir an die frische Luft, in unseren grünen Park. Machen wir einen kurzen Spaziergang und besuchen die bunten Karpfen in unserem Teich.

DER PATIENT IV *besänftigt* Gut.

DIE PSYCHIATERIN *stützt den Patienten* Kommen Sie, Steven.

DER PATIENT IV Wo ist Ihre Waffe? Wir können nicht ohne Waffe raus! Wenn uns jemand angreift, müssen wir zurückschiessen können!

DIE PSYCHIATERIN Ich bin mit dem Gebiet vertraut, keine Sorge, hier gibt es niemanden mit einer Waffe, der auf uns schiesst.

DER PATIENT IV *geläutert* Wenn Sie meinen.

Die Psychiaterin geht mit dem Patient IV den Korridor entlang, an ihrem Büro vorbei.

DIE PSYCHIATERIN *zu ihren Gästen* Ich bin kurz im Park, wenn man mich braucht.

Die zwei Gäste nicken und dann geht die Psychiaterin mit dem Patienten IV von der Bühne.

DIE FABRIKANTIN Wo sind wir stehen geblieben?

KARL BÜCHSER *beschämt* Ich glaube, ich verstehe, was Sie umtreibt, und gleichzeitig verstehe ich es nicht.

DIE FABRIKANTIN Mit dem Verstehen kann ich Ihnen auch nicht helfen. Es ist schon spät, ich werde heimgehen. Richten Sie Ihrer Freundin liebe Grüsse von mir aus.

Nimmt das Büchlein, verschwindet von der Bühne, sie kommt zurück mit einem Strauss Blumen, geht zum Patienten mit dem Büchlein, dieser schläft und sie legt ihm das Büchlein mit den Blumen hin. Geht wieder von der Bühne. Vorhang schliesst.

Sechster Akt

Bäume zieren die Ränder friedlich geschwungener Kies-
wege – ein Park. Die Flächen zwischen den Steintrüm-
mern, auch genannt Kies, sind ausgelegt mit grün spries-
sender Wiese.

Der Einberufene, Sofia und ihr gemeinsamer Sohn da-
zwischen. Die drei halten sich an ihren Händen, das Kind
schwingt dazwischen herum. Sie spazieren über die sorgfältig
und friedlich gelegten Steinchen und Wiesen.

Vaterland, Muttererde & Kinderzukunft.

DER EINBERUFENE *nachdenklich* Sofia, ich …

DAS DIENSTMÄDCHEN III Schon gut, Friedrich. Jetzt sind wir
   endlich zusammen als Familie.

DER EINBERUFENE Ich war grausam zu dir.

DAS DIENSTMÄDCHEN III Es ging eben nicht anders.

DER EINBERUFENE Einfach genommen habe ich dich.

DAS DIENSTMÄDCHEN III Das stimmt nicht, ich wollte dich
   doch auch.

DER EINBERUFENE Schon möglich, aber du konntest nie nein
   sagen.

DAS DIENSTMÄDCHEN III Ich wollte ja nie nein sagen!

DER EINBERUFENE Ich habe dich einfach genommen.
   Mit dir gemacht, was ich wollte, ich habe nie an dich
   oder unseren Sohn gedacht.

DAS DIENSTMÄDCHEN III Wir liebten uns und wir lieben uns noch immer!

DER EINBERUFENE Ja, aber genau deswegen hätte mir mehr an deinem Wohlergehen liegen sollen.

Und überhaupt, seit du bei uns in Stellung warst, hätte ich zu allen von euch besser sein sollen.

DAS DIENSTMÄDCHEN III Jetzt rede nicht so! »In Stellung gehen.« So sprechen nur unsere Väter.

DER EINBERUFENE Eure Väter, die euch in Stellung gaben, ich verachte sie. Ein Vater würde so etwas nicht tun.

DAS DIENSTMÄDCHEN III Sprich nicht so über meinen Vater. Er fütterte mich, gab mir ein Zuhause und beschützte mich. Ich schulde es ihm. Er brauchte das Geld, er hatte keine Wahl.

DER EINBERUFENE Nichts schuldest du ihm.

Gefügig gemacht haben sie euch zu ihrem eigenen Nutzen. Für die angebliche Sicherheit der Familie. Eigentlich aber getrieben von lauter Eigennutz.

DAS DIENSTMÄDCHEN III Hast ja recht.

DER EINBERUFENE Seit ich aus dem Gefängnis bin, sehe ich diese Welt anders. Oder weil ich nicht kämpfte und Kugeln auf Unschuldige abfeuerte, landete ich im Gefängnis.

DAS DIENSTMÄDCHEN III Du bist frei bei mir, wir sind jetzt eine Familie, nichts und niemand kann uns noch trennen.

DER EINBERUFENE Nur das Vaterland, das seine Klauen in seine Bürger aus Fleisch, Blut und Wohlgesang schlägt und sie in Stellung gibt, sie an die Front schickt. Alle

Entbehrlichen kämpfen für die Nichtentbehrlichen. Uns auseinanderreisst.

DAS DIENSTMÄDCHEN III Wer ermahnt diese elenden Monster, diese Kriegslenker, ihrer Vernunft?

Die drei setzen sich hin, eröffnen ein Picknick auf einer Decke. Das Kind spielt fröhlich. Die drei lachen. Alle Artistinnen und Artisten dieses Schauspiels reihen sich in einem Halbkreis zum Publikum und um die Familie, die weiter am Boden spielt und sich nicht verbeugt. Nur die, die der Gewalt nah sind, verbeugen sich.

DER BAUER Ich und meine Kinder sind tot, weil man uns aus Versehen niedergeschossen hat.

DIE KINDER DES BAUERN Es war verhältnismässig!

DER BAUER & DIE KINDER DES BAUERN Wir sind Kollateralschäden!

DER FEINDLICHE SOLDAT I, DER FEINDLICHE SOLDAT II, DIE FEINDLICHE SOLDATIN III Wir sind tot, weil unser Staat uns unter Todesandrohung in diese Uniformen zwang. Im Moment, als wir sie überzogen, verloren wir unser Recht auf Leben. Unser eigener Staat hat uns unseres Rechts auf Leben beraubt.

DER GEFANGENE I Gefangener 098271. Ich habe noch drei Jahre und zwei Monate Haft abzusitzen, weil ich mich weigerte zu töten. Der Staat nennt nicht töten wollen »Desertion« und stellt es unter Strafe.

DIE GEFANGENE II Gefangene 112952, ich weigerte mich, Komplizin mit dem Staat zu sein, der Kinder und Zivilisten zu töten bereit ist. Ich wollte nicht töten. Ich habe noch zwei Jahre und vier Monate im Gefängnis abzusitzen.

DER POLIZEICHEF Ich benutze meine Dienstwaffe nur gegen unsere Bürger, die gegen das Gesetz verstossen, und wenn es verhältnismässig ist. *Verbeugt sich.*

DER WÄRTER I *holt eine Van-Clens-Schokolade hervor und isst ein Stückchen* Ich dachte über den Zweck von Strafen nach und weshalb der Staat sie verhängt: (1) Einerseits sperrt man Menschen ein, weil sie andere Menschen verletzen und während sie weggesperrt sind, können sie das nicht. Ein Mensch, der nur eingesperrt ist, weil er nicht töten will, fällt nicht in diese Kategorie. (2) Die Strafe soll ein Unrecht begleichen. Wenn jemand sich zu Schulden kommen lassen hat, nicht zu töten, hat er ja eigentlich genau kein Unrecht begangen. (3) Man verwendet die Strafe, um zukünftige Straftaten zu verhindern. Der Staat muss bei Menschen, die nicht töten wollen, wohl darauf hoffen, dass sie nach der Entlassung zu Menschen geworden sind, die inbrünstig im Auftrag des Staates morden, den sonst hätte das Wegsperren ja nichts gebracht. Einen Menschen einzusperren, der nicht töten will, hat schlichtweg keine Basis. Doch was ich jetzt denke, zählt nicht. Ich diene dem Staat, mein Handeln ist eins mit ihm. *Verbeugt sich.*

DIE KÖCHIN Ich muss den Braten aus dem Ofen nehmen. Ich habe keine Zeit, hier blöd herumzustehen. *Geht von der Bühne.*

DER SANITÄTER *spöttisch* Ich bin froh, in unserem Staat zu leben, da kann der Bürger seine Meinung einbringen, mitlenken und mitdenken.

DER SOLDAT I Ich führe Befehle aus. Ich habe nichts zu hinterfragen und alles auszuführen, was der befehlshabende Offizier sagt, sonst ist das Befehlsverweigerung. Ich soll nicht denken, sondern ausführen – ganz nach unseren freiheitlichen Grundsätzen. Wir stecken alle ins Gefängnis oder drohen sie zu töten, nur weil sie eine andere Meinung haben, was das Töten betrifft. Es fühlt sich falsch an, doch ich morde weiter für euch. *Verbeugt sich.*

DER VATER Ich bin der Vater. Ich habe versagt, unsere Kinder zu beschützen.

DIE MUTTER Ich bin die Mutter. Mutternatur zwingt uns in die Knie, doch wir zwingen uns in den Dreck. Ich hätte für Frieden einstehen sollen. Auch wenn ich die einzige Blutbuche bin, die jeglichen Krieg verbietet, auf dieser unserer Erde, in welcher meine Wurzeln stecken.

DER EHRENWERTE RICHTER Ich urteile nach den Gesetzen, welche ich als Grundlage nehmen muss. Ehrenwert ist daran nichts, wenn das Gesetz von Dilettanten verfasst wurde. Mein Handeln ist im Einklang mit dem Gesetz. *Verbeugt sich.*

ROLAND Ich hinterliess einen Brief, meine Psychiaterin hat bestimmt die Güte, ihn vorzulesen.

DIE PSYCHIATERIN Das Schlimmste an meinem Beruf ist, dass man das Leid all dieser Menschen sieht, man es ihnen

abnehmen möchte und es nicht immer kann, ich mir
Vorwürfe mache, dass ich etwas hätte anders machen
sollen. Ich das Gefühl habe, versagt zu haben. Das ist
ein Brief vom lieben Roland, er versandte ihn einige
Wochen, nachdem er unsere Klinik verlassen hatte:
»Der Staat zwang mich, all meine Grundsätze des zivilen Zusammenlebens zu vergessen, er nötigte mich,
legte mich in Ketten und schleifte mich vom Frieden
zum Krieg, bis ich abgewetzt, geschürft war und blu-
tete. Meine Autonomie so oft verletzt wurde, dass ich
einem Versklavten glich. Als ich im Kriegsgebiet ankam, gab es noch Hoffnung für mich. Aber als ich
selbst, gepeitscht vom Staat, töten musste, gab es keine
Hoffnung mehr für mich, dass ich den Weg zurück
zum Frieden finden würde. Ich erhielt gute Behandlung in einer Klinik, wurde entlassen, es hielt einige
Wochen, dann kam alles zurück, ich merkte, dass ich
den Halt nie mehr finden würde in unserer Gesellschaft
und reihte mich zu meinen Freunden, die dem Krieg
ein Ende setzten. Der Sinn am Leben ist verloren. All
diesen Menschen, die ich tötete, all diesen Menschen,
die wir töteten, wir billigten keinem von diesen Leben
einen Sinn. Diese Missbilligung eines Lebenssinns,
diese Verachtung für andere in jeder Handlung dort.
Diese Missbilligung und Verachtung, ich konnte sie
nie mehr ganz ablegen, ich verachtete mich, ich verachtete mein Leben. Ich wurde für keine meiner Taten zur
Rechenschaft gezogen. Wie kann man erwarten, dass
ein Bürger der Überzeugung verfällt, dass das Töten

legitim ist? Es gibt keine Legitimität für all das, was wir taten.

DIE FABRIKANTIN *reicht dem Unteroffizier einen Geldschein* Schicken Sie die Diener des Staates, sein Volk nach Hause.

DER UNTEROFFIZIER *steht stramm, ruft lauthals* Zivilisten, Achtung! Das Schauspiel ist zu Ende, ihr faulen Säcke. *Verbeugt sich.*

DIE FABRIKANTIN *flüstert dem Unteroffizier etwas zu, ohne dass es von den Rängen verstanden wird.*

Hauptvorhang schliesst ganz.

DER UNTEROFFIZIER *steht stramm hinter dem Vorhang, klopft seine Schuhsohlen auf das Parkett und ruft* Vorhang nochmals öffnen!

Vorhang öffnet sich, alle Artisten des Stücks stehen nochmals da, inklusive Miniorchester, in ziviler Frohlockung.

DER UNTEROFFIZIER Man machte mich darauf aufmerksam, dass ich mit dem Auditorium nicht so zu sprechen habe und ich mich folglich entschuldigen möchte für meine Wortwahl. Es ist die Macht der Gewohnheit, so zu agieren und zu sprechen im Militär. Was ich eigentlich sagen wollte, ist … bitte helfen Sie mir.

DIE FABRIKANTIN Achtung ist das, was uns von Raubtieren unterscheidet, was uns gleich macht, uns verbindet. Als Zeichen unserer Wertschätzung steht am Eingang für alle eine Tafel Friedensschokolade, zur Verfügung gestellt von der Van-Clens-Schokoladen-Fabrik. Ein Zeichen unserer tiefen Hochachtung für jeden Menschen. Mögen die Tafeln Frieden verbreiten und vereinen, was entzweit scheint. Uns Gemeinsamkeiten erkennen lassen, wo nur Differenzen zu existieren scheinen. Wie ein morgendlicher Sonnenaufgang es vermag, unser Gemüt zu erhellen, uns in einen Tag hereinführt voller Wertschöpfung für das Wohl der Menschen. Und bei Sonnenuntergang das Licht in unseren Herzen weiterbrennt.

Alle verbeugen sich, mehrmals. Danach gehen alle von der Bühne ab. Der Vorhang wird geschlossen.
Das Miniorchester spielt erhellende Musik als Abspann.

– Weltfrieden –